新法則化シリーズ

「音楽」授業の新法則

企画・総監修
向山洋一

編集・執筆
TOSS「音楽」授業の新法則 編集・執筆委員会

巻頭言

「新法則化シリーズ」刊行にあたって

日本教育技術学会会長　TOSS代表
向山洋一

　1984年「教育技術の法則化運動」が立ち上がり、日本の教育界に「衝撃」を与えた。「法則化」の本は次々と出され、ベストセラーになっていった。向山著はいずれも万を超える売り上げを記録した。教育雑誌も6誌が創刊された。そして20年の時が流れ、法則化からTOSSになった。
　誕生の時に掲げた4つの理念はTOSSになった今でも変わらない。
1　教育技術はさまざまである。出来るだけ多くの方法を取り上げる。
　（多様性の原則）
2　完成された教育技術は存在しない。常に検討・修正の対象とされる。
　（連続性の原則）
3　主張は教材・発問・指示・留意点・結果を明示した記録を根拠とする。
　（実証性の原則）
4　多くの技術から、自分の学級に適した方法を選択するのは教師自身である。（主体性の原則）
　そして十余年。TOSSは「スキルシェア」のSSに加え、「システムシェア」のSSの教育へ方向を定めた。これまでの30年の歩みは、はっきりと足跡を残し、書籍、雑誌は、数えきれない。常に教師の技量向上を目指し、またその時々の教育界のテーマをとらえ課題提起してきた。理念通りに歩んできたから多くの知の財産が残ったのである。
　今年度、TOSSは新しく大きな一歩をふみ出した。新しい地を切り開いた。
　第一は、新法則化シリーズ（全教科）の発刊である。
　第二は、毎月1000円程度の会費で利用できる「TOSSメディア」の発進である。
　これまでの蓄積された情報をTOSSの精鋭たちによって、2015年発刊されたのが「新法則化シリーズ」である。
　教科ごと、学年ごとに編集されている。日々の授業に役立ち、今の時代に求められる教師の仕事の仕方や情報が満載である。ビジュアルにこだわり、読みやすい。一人でも多くの教師の手元に届き、目の前の子ども達が生き生きと学習する授業づくりを期待している。TOSSメディアと共に教育界を大きく前進させるだろう。
　教育は不易流行である。30年の歩みに留まることなく、新しい時代への挑戦である。教師が学び続けることが、日本の教育を支え、前進させることである。
　授業は流転することを求める。授業の変化の中に存在する。教師の教授活動と児童の学習活動の往復運動こそが授業である。
　教師は、教師の教授活動と児童の学習活動の向上を永久（とこしえ）に求め続ける。

まえがき

本書は、以下の3つの柱をベースに書かれてある。

> 1　子どもに力をつける指導法
> 2　だれでもできる指導システム
> 3　医療や特別支援での学びを生かした指導法

1　子どもに力をつける指導法

16万人の子どもの音楽能力調査（岐阜県指導主事・山本弘氏等実施、指導・松本民之助氏）を元に編み出された「ふしづくり音楽システム」では、

> 「音　→　表現　→　記号」

の指導順で教えることで音楽の力がつくとしている。
「まず音楽を耳から入れる」「歌を覚えないうちは曲の分析や音符は一切とりあげない」「魅力ある歌や演奏をまずつくる」、という指導を積み重ねるのだ。こうすることで、子どもは楽しく授業に取り組むことができ、音楽への魅力を感じ続けながら力をつけることができる。
　この「音→表現→記号」の指導順による指導事例を、本書では随所で紹介している。
　例えば、まず、音を聴かせ、追い歌いさせ、覚えさせ、最後に教科書をみせるというやり方だ。具体的に、どのように進めればよいのかをわかるように記している。まずは音を入れることを意識して指導していただきたい。
「まず聴くこと」の重要性は、脳科学の面からも解明されている。聴覚は直接「脳幹」に入るが、「脳幹」に入った音楽は人を楽しく心地よくさせ、ホルモンのバランスを整える。
　逆に、音符や知識を先にインプットすると、先に大脳皮質が活性化し、音楽が「脳幹」にストレートに入っていきづらくなる。音楽が楽しいものではなくなってしまう可能性がでてくるのだ。

2　だれでもできる音楽システム

谷和樹氏は、優れた授業システムの特徴として、以下のように示している。

> システムで子どもに力がつく

> いつ、誰が、何度やっても、ほとんど同じ成果が出せる
> （教室ツーウエイ誌 No.447）

「音楽システム」としては、「ふしづくり音楽システム」がわかりやすく、追試しやすい。「ふしづくり音楽システム25段階80ステップ」（巻末ふしづくり一本道一覧表参照）を順にたどって教えていけば、子どもに力がつくように、指導システムが作られているのだ。

「ふしづくり音楽システム」以外にも、「短い時間でできるようになる指導法」、「だれでも鑑賞の感想が言えるようになる指導法」、「何度も子どもが挑戦したくなる個別評定」等々が紹介されている。

音楽指導に自信のない担任も、本書を手がかりに授業を順調に進めることができるだろう。

「音楽の力がどの子にも少しずつついていく」「できなかった楽器の演奏がほぼ全員できるようになる」「クラスが安定し落ち着いて学習に取り組むようになる」「通常よりも短い時間で達成され、教師の負担が減る」と、システムを使うことで、どの教師も、あるレベルの力を子どもたちにつけることができる。

3 医療や特別支援での学びを生かした指導法

文科省の指定を受け、翔和学園と行ってきた研究では、「音楽能力がつくことで、特別に支援の要するお子さんの症状が改善される」ことを身をもって体験できた。時に、ドクターやカウンセラー、作業療法士の先生方を交えながらの研究から、我々は様々な学びを得た。

子どもへの科学的なアプローチ、発達障がいのある子どもへの対応、感覚過敏児や友だちとの関わりが苦手な子どもへの「音楽授業」での対応、音楽に合わせて身体を動かすメリットや、音楽授業での感覚統合の効果的な生かし方等々。医学や脳科学から解明されつつある情報をもとに、実際に子どもたちに行い検証を行った実践を記した。

「音楽は苦手！」という先生が、これ一冊あれば何とかなる、と思える情報を厳選し掲載した。授業に役立ててほしい。

2015年2月3日　新法則化シリーズ　音楽担当　関根朋子

目　次

巻頭言　　　　　　　　　　　　　　　　　　　　　　　　3
まえがき　　　　　　　　　　　　　　　　　　　　　　　4

第1章　楽しくテンポよい授業で子どもが熱中する

1　この『授業開きメニュー』で子どもたちの心を
　　わしづかみにする　　　　　　　　　　　　　　　　10
2　どの子も熱中！ふしづくり　　　　　　　　　　　　12
3　コマとパーツで進める「日本の歌」の授業　　　　　14
4　1時間の音楽の授業の進め方　　　　　　　　　　　16

第2章　これだけ知っていれば大丈夫！
　　　　歌唱・合唱指導の基礎基本

1　耳で聴いて覚える新曲指導　　　　　　　　　　　　18
2　"唱歌"で教える歌唱指導の基本　　　　　　　　　　20
3　絵や写真、手話や動作で覚える歌唱指導　　　　　　22
4　変化のあるくり返しで習得させる歌唱指導　　　　　24
5　楽しく声づくり！　歌声が変わる合唱指導法　　　　26
6　これなら「つられないで歌える！」、合唱指導法　　28
7　音程がとれない子が歌えるようになる歌唱指導法　　30
8　わらべうた遊び、音楽遊びで、音指示を教える　　　32
9　「拍を感じる力」が身につけば、指揮は誰でもできる　34

第3章　脳科学を生かした指導法で子どもが変わる

  1 脳幹を心地よくする音楽を 36

  2 【ワーキングメモリ】
   ワーキングメモリが活性化する！ 楽しい音楽授業 38

  3 【興奮と抑制】
   「流れに乗せておいて、止める」で子どもが熱狂する 40

  4 【脳内物質】
   音楽授業も「セロトニン5」で対応する 42

  5 【記憶】
   生涯エピソード記憶として残る音楽授業 44

第4章　音楽能力を育てる表現活動

  1 「拍の流れに乗る力」を育てる 46
  2 「身体反応力」を育てる20のステップ 48
  3 「階名を抽出する力」を育てる2つのポイント 50
  4 ふしづくりや教材曲で「即興・変奏する力」を育てる 52
  5 3つのステップで指導する「グループ創作」 54
  6 「コーナー学習」でお気に入りの表現活動を楽しむ 56

第5章　音楽能力を育てる鑑賞指導

  1 リズムの特徴は「速度」「拍子」「楽器」でわかる 58
  2 「音色」というコードには2つの着目点がある 60
  3 旋律を歌い、身体を動かせば「音」が聴こえてくる 62
  4 聴いて動いて「問いと答え」を体感する 64
  5 〜鑑賞指導は、表現活動とリンクさせて〜
   聴く力と言語力を育てる5分間鑑賞指導 66

第6章　向山洋一の授業の原則を生かした音楽指導

1. 体感させ、「趣意説明」をして始める鑑賞の授業開き　　　68
2. 「一時一事」の指示で進める歌唱指導　　　70
3. 「短く限定した指示発問」で手遊び歌指導が楽しくなる　　　72
4. 「全員の原則」で行う合唱指導　　　74
5. 9つの活動に「細分化」して教えるリコーダー指導　　　76
6. 「空白禁止の原則」で騒乱状態を回避する　　　78
7. 教師の「確認」と子ども同士の「確認」で吹けるようにする
   鍵盤ハーモニカの指導　　　80
8. 「やる気」にさせ、「力を引き出す」
   個別評定4つのポイント　　　82

第7章　ノリノリで器楽演奏ができるようになる方法

1. 「音→表現→記号」で教える鍵盤ハーモニカ指導　　　84
2. 聴いて、まねして、どの子も吹けるようになる
   リコーダー指導　　　86
3. 「全員体験システム」で、できるようになる合奏指導　　　88

第8章　音楽室での生活指導・特別支援

1. 授業中立ち歩く子どもは「動かして」対応する　　　90
2. 忘れ物対応！　忘れた時はどうするかを教える　　　92
3. すかさず手を打て！　がやがやし始めた授業　　　94
4. 何ができる？　何ができない？　「ケンケンパ」「スキップ」　　　96
5. 教えてほめる！　特別支援を要する子どもへの対応　　　98
6. できることを増やすには！
   安心できる環境とスモールステップだ　　　100

第9章　教室環境が授業を変える

　　1　「教室隊形」は子どもの実態や指導内容に応じて変える　　102
　　2　音楽授業変革!!　デジタル機器活用術　　104

第10章　音楽行事を成功させる4つのポイント

　　1　5年生が活躍する「送る会」の進め方　　106
　　2　授業の延長線上にある「音楽会」の進め方　　108
　　3　全校音楽は全校でできるメニューをたくさんつくる　　110

　巻末付録　　ふしづくり一本道　一覧表　　112

第1章 楽しくテンポよい授業で子どもが熱中する

1 この『授業開きメニュー』で子どもたちの心をわしづかみにする

1 授業開きの心得5

授業開きのたった1時間が1年間を左右する。出会いの授業に全力を注ぐ。まずは笑顔！　明るく！　ハイテンション！　ハイテンポ！　まだ緊張している子どもたちから笑顔を引き出す。下は黄金の1時間の「5つの心得」。

①「教えてほめる」を徹底せよ　②楽しい活動を短く次々と展開せよ
③音楽室でのルールを示せ　　　④授業の枠組みを体感させよ
⑤簡単なことでいい。「できた」「できた」「できた」で組み立てよ

2 この授業開きメニューで子どもたちの心をわしづかみにする（2年生）

コマ	曲名・活動	パーツ
1 ウォーミング アップ	①体操 ②肩たたき ③「春が来た」 　「かえるの合唱」 ④パートナーソング 　（上の2曲で）	①教師の動きをまねさせる ②拍に乗って左右の肩を叩く ③児童は肩たたき。教師が歌う ④全員で肩たたきをしなら歌う ⑤児童と教師がそれぞれ「春が来た」 　「かえるの合唱」を歌う
2 遊び歌	①「だるまさん」 ②「くまさんくまさん」	①範唱（動作＆歌を両方とも） ②フレーズごとにまねしながら ③通してやってみる ④いろいろな速さに変えながら ⑤2人組→相手を変えながら
3 ふしづくり	「名前呼びあそび」	①○○○○Ⅴのリズム打ちをする ②教師「○○さん」児童「はあい」
4 今月の歌	「はじめの一歩」	①タッチされたら前に出る

5 教科書	「メッセージ」	①範唱　②まね歌い　③通し歌い ④たけのこ歌い（好きな箇所で立つ）
6 けんばん	1音リレー（ド）	①先生が吹く→みんなでまね吹き　〇〇〇V　〇〇〇Vのリズムで（初めてなのでドだけ使う）②拍に乗って一人ずつリレー（ドの1音でリズムは自由）③「子犬のマーチ」に合わせて片づけ
7 レパートリー	予告	次回曲選びをするので、好きな曲を見つけておいてねと予告
8 無の世界		①「無の世界」は音のない世界を楽しむこと、動かない・音を出さない・目を閉じることを約束させる②好きな場所で好きなポーズ。1分間
9 退場行進	「歩いていこう」	①イスを直し荷物を持って並ぶ②曲に合わせて音楽室を1周する③出口で拍に合わせてタンバリンを叩き音楽室から退場する

　授業開きの後「音楽がめちゃめちゃおもしろいぞ！」という噂があっという間に広がり、「私のクラスの音楽はまだですか」と聞きに来る子もいた。

3　成功させるコツ

「上手にまねしてる」「リズムにノリノリ」「一生懸命ね」「声がしっかり出てるよ」「動きが素早い」「姿勢がいい」「表情が素敵」と、1つのパーツを行うたびにほめる。ほめることで価値づけをする。授業の最後は退場行進。出口でタンバリンを持って立ち、一人一人に笑顔で「さようなら」と声をかける。子どもは嬉しそうに「タン！」と打っていく。学年が違っても基本の枠組みは同じ、曲が変わるだけだ。1つ1つのコマのシステムとルールを「教え、やってみせ、やらせてほめる」で体感させる。

（飯田清美）

第1章　楽しくテンポよい授業で子どもが熱中する

2　どの子も熱中！　ふしづくり

　友だちとの楽しい関わりの中で、音楽能力が育つ「ふしづくり」。楽しい活動は、子どもたちの集中力も高める。
　ポイントは、○○○Ⅴの「拍の流れに乗る力」を育てることだ。

1　スモールステップで進める「ふしづくり」

　岐阜県指導主事山本弘らが、16万人の子どもの音楽能力調査を元に編み出した音楽教育システム「ふしづくり一本道」。25段階80ステップで構成されていて、これに沿って授業を進めれば誰でも音楽能力を身につけることができる（巻末一覧表参照）。その際、45分の音楽授業の中の1つのコマで、毎時間継続して指導していくことが重要だ。

2　わらべうた遊び（0段階）

「ふしづくり」の0段階では、わらべうたで遊ばせ、拍の流れに乗ることを体感させる。人数を変えて、たくさんのわらべうたで遊ばせる。

2人組→「茶つみ」「なべなべ底抜け」「おちゃらかほい」
4人組→「ひらいたひらいた」「かごめかごめ」
6人組→「お客様」「たまりや」

「かごめかごめ」の遊び方

♪かごめ　かごめ　かごの中の鳥は　いついつでやる　夜明けの晩に鶴と亀がすべった　後ろの正面　だあれ

鬼が真ん中にしゃがみ、残りの子どもは手をつないで、その周りを回る。
「♪後ろの正面だあれ」で、ちょうど鬼の後ろになった子が、「（私は）だ〜れだ」と声を出す。鬼は、その声を頼りに相手が誰かを当てる。当たれば、鬼を入れ替える。

3 動物呼び遊び（1段階2ステップ）

○○○V（タンタンタンウン）の手拍子に合わせて、動物の名前を呼ぶ。

あらかじめ、黒板に動物の絵を貼っておく。名前を呼ぶ時は、この中から選んでもよいし、自分で考えてもよい。

黒板に貼っておく絵（例）

教師：（手拍子をする）みーなーさん	皆：はあい
教師：名前呼び遊びをしーましょ	皆：しーましょ
教師：「うさぎ」	皆：「うさぎ」（戻す）
教師：「こねこ」	皆：「こねこ」（以下省略）
教師：終わりましょ	皆：終わりましょ

「名前呼び遊び」の進め方を全員で確認する。この時は、教師が進める。

教師：グループで円になります。リーダーを決めます。リーダーから「時計回り」に回しましょう。

今度は、教師の代わりにグループのリーダーが進める。

リーダー：（手拍子をする）みーなーさん	皆：はあい
リーダー：名前呼び遊びをしーましょ	皆：しーましょ
リーダー：「ライオン」	皆：「ライオン」
子ども1：「こいぬ」	皆：「こいぬ」
（以下省略）	

友だちとの楽しい関わり合いの中で、活動が進んでいく。

教師：今度は、できるだけ長く続けます。ただし、言葉が言えなかったり、拍の流れに乗れなかったりしたら座ります。
（以下、先ほどと同様にグループ活動を行う。）

どのグループも、できるだけ長く続けようと、熱中して取り組む。　　（吉川たえ）

参考文献：山本弘『ふしづくりの音楽教育』〈復刻版〉1、2巻（東京教育技術研究所）

第1章 楽しくテンポよい授業で子どもが熱中する

3 コマとパーツで進める「日本の歌」の授業

　授業の中でこそ多くの日本の歌にふれさせたい。長く歌い継ぎたい歌だから、きちんと1回歌うより遊びながら10回口ずさむのが効果的だ。身体と耳を通して何度も口ずさみ、脳に深く刻み込む。

1　日本の歌の取り入れ方

　日本の歌を扱うコツは次の4つである。

①歌唱表現重視より、歌遊びや身体表現中心に
②教師が歌う。子どもたちは聴く、遊ぶ、口ずさむ（手遊び・身体表現）
③まずは歌える一部分をつくる
④教科書の指定学年にこだわらない

2　授業開始10分の組み立て

　授業開始10分間のウォーミングアップには日本の歌を使う。

　右の写真は毎時間黒板に掲示している「授業予定」の一部である。

「あらかじめ授業予定を掲示」

	コマ	曲名（この中から選ぶ）	パーツ
①ウォーミングアップ	肩たたきパートナーソング（2曲）	春がきた+かえるの合唱 どんぐり+夕やけ小やけ もしもしかめよ+ゆき 春が来た+ゆき　等 ＊肩たたきをしながら歌うことで拍と速度がそろう。	①子どもは肩たたき、教師は歌 ②子どもと一緒に歌う ③教師 vs 子ども ④子ども vs 子ども ・2つのグループに分けて ・お隣さんと相談して
	輪唱（1～2曲）	ほたるこい・静かな湖畔・春がきた・夕焼け小焼け・もしもしかめよ・あんたがたどこさ　等	①子どもが先・教師が後 ②教師が先・子どもが後 ③2グループに分けて ④3グループに分けて

②遊び歌・わらべうた	お手合わせ	【2・4拍子】せっせっせ・おちゃらか・なべなべ・茶つみ・ほたるこい・アルプス一万尺・とんび・牧場の朝・われは海の子　等 【3拍子】 みかんの花咲く丘・こいのぼり（やねより…）・うみ・ぞうさん・ふるさと・朧月夜　等	2・3・4拍子のお手合わせを次々にする。教師が主となり歌う。「覚えた人一緒に歌って」「今度はみんなで歌いながら」と促す。相手は固定せずいろんな子と組ませる。2人→4人→全員と増やしていく。
	フレーズターンストップ&ゴー	春がきた・夕やけ小やけ・春の小川・とんび・われは海の子・ふじ山・もみじ・牧場の朝・めだかのがっこう・ひらいたひらいた・かくれんぼ　等	全員で輪になったり、ペアで手をつないだり、または一人で歩く。フレーズの切れ目で「はい！」と声をかけ逆方向へ。音楽が止まればストップ。曲の終わりに自分の座席に到着する。
	教科書の既習曲	夕日・とんぼのめがね・しゃぼん玉・めだかの学校　等	既習曲をアカペラで身体表現しながらメドレー歌い。

　進め方のコツは「拍を切らずに続ける」こと。歌が始まると身体が反応するようになる。自然に歌を口ずさむ子も現れる。そうなれば歌唱表現の練習も進めやすくなる。新曲では少し長めに時間を取り工夫させる。

教科書	新曲練習	「とんび」 ・ピンヨロ～歌い方の工夫をする。（親子・兄弟・友だち・おじいさんとおばあさん　等）	①絵を見せ範唱→まね歌い ②ピンヨロ～をいろいろな歌い方 ④ピンヨロ～検定 ⑤自分の好きなとんびを想像する ⑤想像したトンビを歌声で表す

（飯田清美）

第1章 楽しくテンポよい授業で子どもが熱中する

4　1時間の音楽の授業の進め方

　1時間の授業をどうやって進めるのか。1時間が「複数のコマによって組み立てられている」と考えると授業が進めやすい。題材を達成させるために、歌唱だけでなく、器楽や鑑賞を1時間の中に盛り込み、テンポよく授業を進める。

1　授業の組み立て方　　コマを帯で組む

　音楽能力は1回の授業で身につくものではない。
　何回もくり返し練習することで、能力として定着する。

```
①45分 × 1回 ＝ 45分
②5分 × 9回 ＝ 45分　　　　＊1時間の授業を45分とする
```

　①1時間で全部を教え、後は教えない、②毎時間5分を9回にわたって帯で教える、①と②では子どもにつく力は違う。②のように、短時間でもくり返し何回も教える方ができるようになる。
　例えばリコーダー曲「猫吹いちゃった」(『笛星人』北村俊彦作) は次の10ステップで進める。

```
①シラソの指使いができる　　　⑥3段目が吹ける
②1段目が吹ける　　　　　　　⑦4段目が吹ける
③2段目が吹ける　　　　　　　⑧3、4段目が吹ける
④1、2段目を通して吹ける　　　⑨通して吹ける
⑤速いテンポで吹ける　　　　　⑩通して速く吹ける
```

ポイントは、「クラスの全員ができるようになること」だ。

　必要があれば新たなステップを挿入したり、あるいは省略したりして、どの子もできるようにする。早くからできる子には、美しい音色やフレーズを生かした演奏に挑戦させ時間差を埋める。

2　1時間の授業の組み立て方

授業の組み立て方→　コマを帯で教える：題材「拍のまとまりをかんじとろう」（教芸社2年音楽）

		コマ	1時間目	2時間目	3時間目	4時間目	5時間目
毎時間継続して行う活動	1	既習曲（3曲以上）子どものリクエスト 今月の歌（感覚統合）	かくれんぼ 翼をください	かくれんぼ 手のひらを太陽に	かくれんぼ	かくれんぼ	かくれんぼ
	2	わらべうた遊び お手合わせ グループ　全員	おちゃらか あんたがたどこさ	おちゃらか あんたがたどこさ たべすぎごりら	あんたがたどこさ たべすぎごりら ちゃつぼ	竹の子一本 たべすぎごりら ちゃつぼ	竹の子一本 たべすぎごりら ちゃつぼ
	3	鑑賞（2拍子と3拍子）	「トルコ行進曲」（強弱）	「トルコ行進曲」（行進）	「メヌエット」（ステップ）	「メヌエット」（ダンス）	「メヌエット」（ダンス）
教科書教材	4	2拍子を感じる 「橋の上で」 「ロンドン橋」	1新曲聴唱 ①楽譜を見ず歌って歌う ②音楽に合わせて踊る	2楽しみながら能力をつける 〈コーナー学習〉	3魅力ある音楽 〈拍に乗る〉 ペアで　4人で　お手合わせ	4ことばをかえてあそぶ ①音楽に振りを付ける ②言葉に合わせ動作を変える	5記号化 教科書を見て確認する
	5	3拍子を感じる 「たぬきのたいこ」 「かっこう」		1新曲視唱 ①楽譜を見ず聴いて歌う。 （覚えた人から、座る） ②歌いながら身体を動かす	2楽しみながら能力をつける 〈コーナー学習〉	3魅力ある音楽 〈拍に乗る〉 ペアで　4人で　お手合わせ	4魅力ある音楽 〈拍に乗る〉 ダンスの動きをつけて
	6	2拍子と3拍子の違いを感じる			2拍子か3拍子か 曲に合う「お手合わせの形」を考える	2拍子か3拍子か 曲に合う「お手合わせの形」から 2拍子か3拍子かを考える	2拍子か3拍子か 曲に合う「お手合わせの形」から 2拍子か3拍子かを考える
ふしづくり	7	段階表 内容 能力化のため 早い時期から 教えること	7段階27ステップ まねぶきあそび まねぶき、さぐりぶき たんたんたんV（14〜） ハーモニー（I, IV, V) 合う音探し	7段階27ステップ まねぶきあそび	7段階27ステップ まねぶきあそび	7段階27ステップ リズムかえっこ	7段階27ステップ リズムかえっこ

1時間の授業（45分）の組み立て方（例）（2年生5月）
題材「拍のまとまりをかんじとろう」

	分	コマ	主なパーツ
1	5	遊び歌 わたべうた	①友だちと楽しく活動する ②拍に乗ってお手合わせ・身体表現をする
2	5	既習曲 リクエスト	①一拍振りで指揮をしながら歌う
3	5	今月の歌	①覚えて歌う ②感覚統合を生かした動きをいれて歌う
4	5	教科書	①コーナー学習 ②ペアでお手合わせ
5	5	2拍子と 3拍子の 違いを感じる	①2拍子3拍子のお手合わせの形を確認する ②曲を聴いて、2拍子か3拍子どちらかを考える
6	7	鑑賞 メヌエット	①静かに聴く ②主旋律を歌う ③音楽に合わせてステップを踏む
7	7	ふしづくり	①鍵盤ハーモニカでまね吹きをする（教師対子ども） ②まね吹き合戦
8	3	退場	①今月の歌に合わせ、拍にのって行進しながら教室に帰る

1コマの時間は、5〜7分程度。

3　指導のポイント

①どの子もできるようになる
②力がつく

そのためには、一人一人の習熟状況を教師が十分に把握する必要がある。

また、音を聴かせ、表現させてから楽譜を見せる（記号化）

音 → 表現 → 記号

の指導ステップで指導を進めることが肝要だ。

（関根朋子）

第2章 これだけ知っていれば大丈夫！歌唱・合唱指導の基礎基本

1 耳で聴いて覚える新曲指導

「先生が歌います。聴きましょう」。新曲を教える場合は、教師の歌やCDの音源を聴くところから始める。楽譜は見せない。旋律の流れや音の高低、リズム、語感の響きなど、音に集中して聴かせるのがポイントだ。

1 「追い歌い」で歌えるようにする

範唱を聴かせた後、「追い歌い」をする。教師が歌った後に、子どもがまねして歌う。

2年共通教材「虫のこえ」より
T→教師、C→子ども

| T：先生のまねをします。「あれまつ虫がないている」
C：「あれまつ虫がないている」 | |

「追い歌い」では、2小節ずつ、4小節ずつなど短く区切って教える。
　曲が長い場合や歌詞が難しい場合には、歌詞を提示して歌うこともある。

2 交互歌いで、楽しく歌を覚える

「追い歌い」で歌えるようになったら、「交互歌い」で何度も歌い、楽しく歌を覚えていく。

| T：1・2号車と3・4号車に分かれて歌います。
C（1・2号車）　あれまつ虫がないている。
C（3・4号車）　チンチロ　チンチロ　チンチロリン |

　クラスを2つのグループに分け、2小節ずつ、4小節ずつと区切って交互に歌わせる。楽しく、歌いながら覚えることができ、フレーズ感も身につく。
　また、グループの分け方を工夫するだけで、子どもたちは楽しんで歌う。

| ・男子と女子　・列ごと　・班ごと　・ジャンケンで勝った人と負けた人 |

3 「○抜き歌い」で、スリルを楽しみながら何度も歌う

歌詞の中の特定の文字を抜かして歌う。うっかりすると、間違えてしまうので、子どもたちはスリルを感じながら楽しんで歌う。

> T：「あ」抜きで歌います。
> C：「㋐れまつ虫　ないている」（→「あ」を抜かして歌う）

2回目は、「な」抜きをするなど、ひらがなを変えて歌う。教師は、どのひらがなが多く出てくるのか調べておくとよい。

4　先生に注目する「サイレントシンギング」

「全員に見えるよう指示」

「歌う時」

「心の中で歌う時」

> 指示：先生が、パーを出したら歌います。グーを出したら、心の中で歌います。

教師が、パーを出したら歌う、グーを出したら歌わない「サイレントシンギング」。ゲーム感覚で楽しく覚え、また、教師をよく見るようになる。

5　自分の好きなところを歌う「たけのこ歌い」

歌詞を3つ～4つ程度のブロックに分け、それぞれに番号をふり、好きな部分を選んで歌う。

1回目は1つ、2回目は1回目と違うところを1つ選ばせる。

> 「虫のこえ」
> ① あれまつ虫が　ないている
> 　　チンチロチンチロ　チンチロリン
> ② あれすず虫も　なき出した
> 　　リンリン　リンリン　リーンリン
> ③ あきの　よながを　なきとおす
> ④ ああ　おもしろい　虫のこえ

> 指示：「たけのこ歌い」をします。①から④の中から自分の好きな部分を1つ選びます。自分が選んだ部分になったら、立って歌います。

楽しい活動、変化のあるくり返しで、たくさんの曲を覚えることができる。

（吉川たえ）

第2章 これだけ知っていれば大丈夫！ 歌唱・合唱指導の基礎基本

2 "唱歌"で教える歌唱指導の基本

どの歌にも共通する歌い方がある。唱歌はそれを教えるのに適している。唱歌は親子三代にわたって共通に歌うことができる歌でもある。楽しみながら歌い継いでいきたい。

1 唱歌指導計画

指導内容	低学年	中学年	高学年
歌詞を覚える	○	○	○
オノマトペや問答を楽しんで歌う	○	○	
歌詞のまとまりやフレーズに注意する（単語の途中で息つぎをしない）		○	○
出だし・歌い終わりに気をつけて歌う	○	○	○
鼻濁音で歌える		○	○
子音や語感を大事にして、丁寧に歌う			○

2 歌を覚える2つのポイント

①歌を聴かせ、歌わせた後に、教科書を見せる。　音→表現→記号
②変化のあるくり返しで、楽しく何度も歌う。

歌を聴かせ、口唱歌で少しずつ教えていく。大体歌えたら教科書を見せる。教科書を見せずに歌を教えた方が、歌詞は定着する。
『春の小川』を「さ」抜きで歌わせたり、お隣さんと交互唱したり、サイレントシンギングで歌ったりして、楽しみながら歌うのも効果的だ。

3 低学年はオノマトペ（擬声語・擬音語・擬態語）を楽しむ

(1)「虫のこえ」　　　　　　　　　　　　T→教師、C→子ども
T：みんな、まつ虫になるよ！
C：「チンチロチンチロ……」　T：おっきなまつ虫だね！人間みたい！
C：「チンチロチンチロ……」（小さな虫の声になる）　T：お、本物のまつ虫だ！

無理に音符通りに歌わせようとしない。楽しく言わせる。
「あ〜おもしろい」は、一人ずつ言わせていく。
C1:「あ〜おもしろい」　T:なるほど！
C2:「あ〜おもしろい」　T:本当におもしろそう！

本当におもしろそうに言えるかがポイントだ。その後、メロディをつけて「♪あ〜おもしろい虫のこえ」と歌う。これだけで、歌声が変化する。

(2)「うさぎ」
　　女「うさぎ　うさぎ　何見てはねる」　男「十五夜お月さん　見てはねる」
　問答にして歌う。「月とうさぎ」「母とうさぎ」「神とうさぎ」等々、組み合わせを変えて楽しむ。

4　高学年は歌唱の基本を

　皆、うまく歌いたいと思っている。どのように歌ったらよいのか、その方法がわからないのだ。そこで、歌い方の「基本」を教える。

　(1) 歌詞のまとまりやフレーズに注意する

あたま　　をくもの　うえにだ　し

　これでは歌詞の意味が伝わらない。歌っている本人も意味がよくわかっていないだろう。

「あたま」を丸で囲みなさい。同じように「くも」「うえ」を囲みます。

　ポイントとなる歌詞を○で囲ませ、途中で切らないように歌わせる。

(2) 鼻濁音に注意する
「が」「ぎ」「ぐ」「げ」「ご」が鼻濁音だ。鼻濁音をつけずにそのまま歌うと、響きのない音になり、せっかくの演奏が興ざめしてしまう。「んが」「んぎ」と初めに「ん」をつけるイメージで発音する。

(3) 音や語感を丁寧に歌う
　子音がはっきりしないと、言葉が正しく伝わらない。例えば、Kane なのか Ane なのか、Kumo なのか Umo なのか、だ。子音を丁寧に歌いたい。

　(4)「出だし」「クライマックス」「歌い終わり」を意識して歌う
　歌詞が聴きやすかったり、最後まで丁寧に伸ばしていたりと、ちょっとした工夫で聴こえてくる歌がガラッと変わる。まずは「出だし」「クライマックス」「歌い終わり」を意識させて歌う。

(関根朋子)

第2章 これだけ知っていれば大丈夫！ 歌唱・合唱指導の基礎基本

3 絵や写真、手話や動作で覚える歌唱指導

　集中して歌を聴き、歌のイメージを絵で視覚化し、最後に文字や楽譜で確認する。聴覚という感覚を優先し、視覚を用いて記憶を確定する。

①聴く　②覚える　③確かめる　の順で歌は覚える。

1　歌い聴かせてから歌を覚える活動に移る

　①まず、範唱の声（音）に集中させる。耳の感覚を優先する。
　歌詞に関わる発問をしてから範唱すると、集中して聴くことができる。

発　問
歌詞に出てくる花は何でしょうか？（春の小川、こいのぼり）
歌詞に出てくる虫は何でしょうか？（虫のこえ）
何をしていますか？（茶つみ）
春はどこに来ましたか？（春が来た）

　②追い歌いをして、歌を覚えさせる。

1回目は短いフレーズで追い歌いをする。
2回目は長いフレーズで追い歌いをする。
3回目は最初から歌う。
ただし、歌いにくそうなフレーズは限定して取り上げ数回くり返す。

　③覚えているのかを確認する。
「覚えたらすわりなさい。起立」と言って、子どもたちを立たせる。早々とすわった子どもには念のため歌わせる。「この1列立ちなさい。1フレーズずつ歌います」というように緊張場面をつくり覚えているのかを確認する。適度に緊張感があると、覚えることにさらに集中する。

2　絵や写真を見せながら歌う

　範唱の後、歌を覚える活動の時に視覚情報（フラッシュカード）を提示する。絵や写真は、言葉のイメージを視覚情報で説明ができる。絵や写真は、歌を覚える際のキーワードとなり、記憶再生のきっかけとなる。

文字を読めない低学年の子どもやイメージを持ちにくい発達障がいの子どもは絵や写真ならば理解しやすいし、集中しやすくなる。

『鯉のぼり』　文部省唱歌

フラッシュカードを持って追い歌いをする。　　　T→教師、C→子ども

T：甍(いらか)　C：甍　T：甍　C：甍
T：甍の波と　C：甍の波と

T：雲の波　ハイ
C：雲の波

T：甍の波と雲の波　ハイ
C：甍の波と雲の波

フラッシュカードは
後ろから前へ送る

〜中略〜

T：高く泳ぐや、鯉のぼり　ハイ
C：高く泳ぐや、鯉のぼり

フラッシュカードに合わせ、はじめから通して歌ってみる。

3　手話や動作をつけながら歌う

『ゆりかごの歌』
ゆっくり揺らす、速く揺らすで対比する

　　体で表現するからこそ、音楽要素の言葉の意味を理解することができる。
　手話や動作をつける時は、「まねをします」と指示をし、まねさせる。そこで、言葉の意味やイメージ、曲の音楽要素を体で表現をして体感させる。

『月』
大きな月と小さな月で声の大きさを変える

　大きい・小さい・丸い・波・跳ねる・回る等、動きながら歌うことがエピソード記憶となる。思う存分体を動かした後に意味を説明すると、動きと言葉を一致させて理解できる。

（豊田雅子）

第2章 これだけ知っていれば大丈夫！ 歌唱・合唱指導の基礎基本

4　変化のあるくり返しで習得させる歌唱指導

「もう一度！」と何度も歌わせても、子どもたちは飽きてしまって効果がない。変化のあるくり返しで「何度も歌っている」という感覚を薄れさせ、しかも音楽能力を高めていく方法を工夫する。

1　声を変えて歌う

> 大きい声で・小さい声で・子守唄を歌う声で・イケメンの声で
> 怒っている声で・オペラみたいな声で・おじいさんの声で・3歳の声で
> 奥様の声で・校長室に聞こえる声で・お隣さんにしか聞こえない声で

　何度も歌う時は、時々小さい声で歌うと喉を休めることができる。
　いろいろな種類の声が出せるようになったら、曲に合った表現を考えさせたい。

> 2段目は、どんな声があっているかな？

「何度も歌う」ことで、自然に「音楽の表現」へつなげていくことができる。

2　場所を変えて歌う

　教室を区切り、自分がやりたいことを選んで移動できるようにする。移動の時につまずくと危ないので、区切るのには平ゴムなどを使う。

A 「歌に集中したい人」
B 「指揮をしながら歌いたい人」
C 「リコーダーや鍵盤ハーモニカで吹きたい人」
D 「打楽器でリズム打ちをしながら歌いたい人」

教室を4つに区切る

　自分の座席でも同じことができるのに、子どもたちは「自分で選ぶ」「移動する」というのが大好きだ。間奏の間に場所を移動するのも楽しい。
　好きなコーナーにばかり行く子、苦手を克服しようとする子、仲良しといつも一緒のグループにいく子と様々だ。
　しかし、この活動では、全部のコーナーを回るというルールはつくらず、子どもたちのチョイスに任せる。

平ゴムで区切る

教師に言われて演奏するのではなく、自分がしたいことを「選んで」演奏することに楽しさがある。その楽しさが、「自分なりの演奏」を見つけ、表現の幅を広げていくことにつながっていけばよい。

演奏技術の細かい練習は、別の機会を捉えて行えば問題ない。

3　お手合わせしながら歌う　　　　　　　　1年共通教材「かたつむり」

曲の途中や間奏でリズムに合わせて移動し、ペアを変えてまた続ける。手だけではなく、膝打ちや足踏みも取り入れることができる。

高学年向け合唱曲でも、お手合わせしながら歌える。3拍子や6拍子の曲では、打ち方を工夫したり、グループごとに発表したりするのも盛り上がる。

お手合わせしながら歌うと、リズムに乗る力をつけながら友だちとの関係をも築いていくことができる。仲間づくりになるのである。

4　指揮をしながら歌う

最初は、拍に合わせて手を上下に動かすことから始める。だんだん、腕の振り方の変化で、強弱やテンポを変化させたり、曲想をつけたりしてみたい。

> （腕の振り方を大きくしていきながら）だんだん指揮が大きくなってきた。どんなふうに歌ったらいいかな？（今度は振りをだんだん小さくして）あ、今度は指揮が弾んでいるよ。

ちょっとヒントを与えた後は、工夫している子をほめて活動を広げていく。

小さい学年はおもしろがってすぐに指揮するが、高学年になると照れてなかなか手が動かない子もいる。低学年からの積み重ねが大切だが、教師が率先して前で振り、まねるところから始めればよい。

> みんなの前で指揮をしたい人？

時に、本物の指揮者に成り切って指揮を振る子も出てきて楽しくなる。

指揮しながら歌うと楽しいだけでなく、拍に乗る力がついていく。

（山内桜子）

第2章 これだけ知っていれば大丈夫! 歌唱・合唱指導の基礎基本

5 楽しく声づくり! 歌声が変わる合唱指導法

「美しい声はそれだけで芸術」になる。楽しく練習し、しかも積み上がっていく声づくりとそのバリエーションが歌唱指導の原点だ。

1 合唱は「声」!

無理なく美しく響く声。豊かにハーモニーする声があれば、様々な音楽表現ができる。声さえあればよい、ということではない。豊かな音楽表現の前提として、「声」が必要条件になる、ということだ。そこで「声づくり」の方法をご紹介する。

2 裏声生活

ハーモニーをつくるのには、「裏声生活」が近道だ。私が「裏声生活」を指導する時は、次のような方法で始める。

(1)【裏声生活スタート】

> 音楽の時間は、「歌の声」を使います。ご挨拶も返事も、お話しする時も「歌の声」を使ってみよう。普段のおしゃべりの声はお休みね。

あとは、教師が裏声でしゃべり、それをまねさせていく。　T→教師、C→子ども

> T:こんにちはー♪　　　　　　　C:こんにちはー♪
> T:みなさん、げんきですかー♪　C:みなさん、げんきですかー♪
> T:ふつうは、「げんきでーす♪」ていうんだよー!(笑)

(2)【息の吸い方】

> 息を吸います。奥歯の間から息を吸い込んで、目の後ろに息をためます(笑顔の状態になる)。ゆっくり吸います。

と、この指示でいわゆる「奥歯が開き軟口蓋が持ち上がった状態」に近づく。「笑顔(笑い顔ではない)で吸う」がキーワードだ。

(3)【裏声返事】

次は歌声でお返事をしますよ。「笑顔で吸ってー」
T:「ハーーイ♪（手本）」どうぞ。C:「ハーーーイ♪」
T:もっとながーいお返事にしていきます。
「笑顔で吸ってー」はい。C:「ハーーーーイ♪」

徐々に長く、音域も少しずつあげていく。自然とロングトーンの発声指導につながる。

裏声生活は、指導する中に楽しさを忘れないことが最大のポイントだ。

3 発声体操で声づくり ―短い毎日―

裏声に慣れてきたら、おすすめなのが下図の発声体操だ。この体操で「裏声」「体ほぐし」「ブレス」までを積み上げていくことができる。

発声体操

	1学期	2学期	3学期
1番			
8拍	8拍目 歩いてお手合わせ	首回し	リズム肩たたき
8拍	◆慣れてきたら2～7拍目で		◆様々なバリエーション
8拍	お手合わせできるように	首回し（反対方向）	直前指示で楽しむ
8拍	変更指示		
8拍	4拍目 歩いてお手合わせ	力んで 脱力（裏声ため息）	目の裏に吸気 脱力（ため息）
8拍	◆慣れてきたら2～4拍目で	◆声をまぜていく	◆声をまぜていく
8拍	お手合わせできるように	だんだん声を増やす	だんだん声を増やす
8拍	変更指示		
2番			
8拍	首回し（8拍で1回転）	リズム肩たたき（2人で）	壺ブレス（呼気だんだん強く）
8拍	↓	◆向かい合い・後ろから	吸気（4拍吸う・4拍止める）
8拍	首回し（反対方向）		壺ブレス（呼気だんだん強く）
8拍	↓		吸気（4拍吸う・4拍止める）
8拍	力んで 脱力（こんにゃく）	リズム肩たたき（複数で）	フクロウ音（だんだん強く）
8拍	力んで 脱力（こんにゃく）	◆突然人数指示がおもしろい	吸気（4拍吸う・4拍止める）
8拍	力んで 脱力（こんにゃく）		フクロウ音（だんだん強く）
8拍	力んで 脱力（糸こんにゃく）		吸気（4拍吸う・4拍止める）
3番			
8拍	リズム肩たたき（1人で）	壺ブレス（呼気だんだん強く）	マヨネーズ
8拍	◆裏声で拍を唱える	吸気（4拍吸う・4拍止める）	◆おへその上下に手のひら
8拍		壺ブレス（呼気だんだん強く）	下腹部が動くように
8拍		吸気（4拍吸う・4拍止める）	ラ で歌う。
8拍	リズム肩たたき（複数で）		レガートな高音域なので
8拍	◆よこ列・立て列・列車	吸気（4拍吸う・4拍止める）	ラ で歌う。（口は鯉のぼり）
8拍	◆裏声で拍を唱える	フクロウ音（だんだん強く）	マヨネーズを意識して
8拍		吸気（4拍吸う・4拍止める）	ホ に戻る。

教科書掲載曲や耳慣れた音楽（カラピアノ伴奏）に合わせて1～3学期とスキルを積み上げていく。

＜歩いてお手合わせ＞

ポイントはやはり裏声を基本とすることだ。肩たたきの「1、2、3、……」という数のカウントも「フクロウの声」もすべて裏声だ。たった2分の積み重ね（短い毎日）で美しい声をつくっていく。

（横崎剛志）

第2章 これだけ知っていれば大丈夫！ 歌唱・合唱指導の基礎基本

6 これなら「つられないで歌える！」、合唱指導法

「つられないで歌える」ことは合唱指導の第一歩だ。楽しく、短時間で子どもが「つられないで歌える」2つの指導法を紹介する。

1 「背を向けて」自分の声部(パート)を歌う

【第1時】ソプラノ声部を歌う

【第2時】アルト声部を歌う

「聴く→小声で歌う→間違えてもよいのでしっかり歌う」(河原木孝浩氏)の順で「音とり」を行う。範唱は教師のアカペラが一番集中する。

更に、伴奏CDに合わせアルト声部を歌えるよう練習する。

【第3時】二部合唱する

(1)復習

部分を限定して、伴奏に合わせてソプラノ・アルトの両声部を復習する。

(2)背を向けて歌う

全体を真ん中で分けて左右に移動し、
背中合わせになるように立ち、二部で歌う。
お互いの声が　聴こえづらくなるので
つられにくくなる。

(3)だんだん近づいて歌う

|3歩近づいて|

の指示で、お互いに中央に3歩ずつ寄る。背中合わせのまま、歌う。
このように、3歩ずつ近づきながら歌っていく。

(4)体の向きを変える

|自信のある人は向きを変えて歌います|

本人が大丈夫と思ったら、相手の方に身体を向けて歌わせる。徐々に慣れていくので、無理矢理に向きを変えさせる必要はない。最後には向かい合って歌っても、つられないで歌えるようになる。

(5)通して歌う

最後は通して歌って達成感を味わう。たとえうまくいかなくても「今日練習したことは、次回必ずできるようになってるよ」と自信をもたせて終わる。

(原実践：山内桜子氏)

2 歌う人数を徐々に増やし、ハモリに慣れさせる

　子どもたちは上声部が歌え、下声部もどうにか歌えるようになった状態からスタートする。

T→教師

> T：先生が上のパートを歌って邪魔をします。皆はつられないよう下声部を歌います。

　教師はとても小さな声で上声部を歌う。

　教師との対決というだけで、子どもたちは必死に自分のパートを歌おうとする。それ故、音程が定着していく。

> T：みんな上手だなあ。先生一人では太刀打ちできません。誰か先生を助けてくれませんか。

　応援を志願した子の中から教師は3人（数名）を選ぶ。

> T：強力な助っ人が来ましたよ。今度は負けませんよ。（歌う）

　この際、特に上手な子を選ぶ必要はない。子どもの実態に合わせ、教師の声の大きさを加減する。

> T：皆、うまいなあ。でも、我々もあと少しですね。あと3人、助っ人を増やします。あなたたち（子1～子3）、一人ずつ仲間を連れていらっしゃい！

　このようにして、教師と、子1～子3、各々が連れてきた助っ人3人の合計7名とクラス全員が対決する。

　それでも、下声部が強いようなら、再度、助っ人を募り声を合わせる。

　少しずつ、他声部を重ねることで、無理なく音がとれるようになる。

　楽しく、遊び感覚で何度も練習するのがポイントだ。

（原実践：横崎剛志氏）

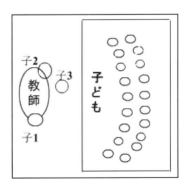

（関根朋子）

第2章 これだけ知っていれば大丈夫！ 歌唱・合唱指導の基礎基本

7　音程がとれない子が歌えるようになる歌唱指導法

　元気よく歌っていた低学年が、中学年になると声を合わせて歌えるようになり、ハーモニーを意識できるようになる。しかし、教室には、いつになっても音程がとれない子どももいる。その子への手立てを紹介する。

1　音程をとることができないA君への指導法
(1)個別指導

> 人は「ピアノの音」よりも「ひとの声」の方が模倣しやすいものなのです。（中略）ピアノをガンガン叩いて「どうしてこの音が出せないの！」などと脅かさないでくださいね。　　　　　　　　　　　『合唱って楽しいい！』坂本かおる著より

　音程のとれなかったA君に次のように個人指導を行った。
　始めに、「先生のまねして声を出してごらん」と言って、範唱した。A君は全く違った音程の声しか出せなかった。
　そこで、今度はA君に寄り添うように横に立ち、A君の声に合わせて教師が声を重ね、一緒に旋律を歌った。声を重ねると、A君の音程が一層不安定になった。声を合わせることが難しかったようだ。しかし、何度もやっているうちに、

> 二人の声が一人の声のように響き合う、「声を合わせる」という瞬間

が訪れた。
「これが声を合わせるということだよ。上手に歌えたね」と力強くほめた。
　その後も個別指導を続けた。音域は狭いが、音の高低を感じて、声を出すことがだんだんできるようになっていった。

(2)合唱クラブでの歌唱指導
　A君は合唱クラブに入っていた。合唱クラブの練習では、A君の周りに子どもたちを立たせ、A君に声を集める形で発声練習を行った。響きのある声や、美しいハーモニーの中で、心地よい響きを体験させた。

⑶ A君の変化

　ある日、いつものように、休み時間、一緒に歌の練習をしようと誘った。すると、ピアノ前奏の後の「出だしの声」が、音程ぴったりで歌えるようになっていた。さらに、響きのある声で歌うということもできるようになっていた。音域がまだ狭くて、全曲通すことは難しかったが、出だしの数小節が歌えるようになっていたのだ。

⑷ 歌えるようになったタイミングを逃さない

　次の日の合唱クラブで、A君一人で歌わせてみた。始めの部分だけだったが、歌い終わると他の子どもたちから拍手が起きた。

2　子どもたちの状況を把握する

⑴ 個別評定で一人一人の歌声をチェック

　一人一人の歌声をチェックするためには、個別評定が一番だ。教材曲の一部分の旋律を使って、テンポよく個別評定していく。

T→教師

| 今から、出だしの部分「ひとは」を検定します。Aさんから　どうぞ |
| A子：♪ひとは〜　　T：声が伸びている！ |
| B夫：♪ひとは〜　　T：いい声！ |
| C太：♪ひとは〜　　T：言葉がよくわかる！ |

　全員の声を聴いていくと、全く音程がとれない子がいる場合がある。個別評定では、たとえ大きく音が外れていても、しっかり声を出したことをほめるようにする。何度も練習してできるようになった「成功体験」は、本人の「自己肯定感」を高めることにつながる。

⑵ 子どもの特性に応じた指導を

「自分の声の大きさがわからない」「合唱で自分だけ大きな声を出す」等、声を合わせることが困難な子どももいる。声の大きさを「手の幅で示す」等、視覚からの支援も行う。いずれにしても、一人一人の子どもの特性をよく知って対応することが大切だ。

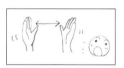

「今の声の大きさはこれくらい」と手で示す

（前田周子）

第2章 これだけ知っていれば大丈夫！ 歌唱・合唱指導の基礎基本

8 わらべうた遊び、音楽遊びで、音指示を教える

「わらべうた」には、日本人が受けついできた音楽DNAが詰まっている。

「わらべうた」は学年による制約はない。義務教育期に大いに取り上げたい。どの子も熱中するポイントは、テンポよく進めることだ。

1 よく使われるわらべうた（例）

	曲名	動き	人	歌詞
1	せっせっせの よいよいよい	ペアで向き合い歌いながらお手合わせをする	2	お寺のおしょうさんがかぼちゃの種をまきました芽が出て膨らんで花が咲いて枯れちゃって……
2	茶つみ	ペアで向き合い歌いながらお手合わせをする	2	夏も近づく八十八夜　野にも山にも若葉が茂るあれに見えるは茶つみじゃないか……
3	ずいずい ずっころばし	円をつくり座る。握り拳を茶壺に見立て歌いながら鬼が指をさしこみまわしていく	4〜6	ずいずいずっころばしごまみそずい　茶壺に追われてとっぴんしゃん　抜けたらどんどこしょ……
4	おちゃらか	歌いながらお手回しをし、ジャンケンする	3〜6	おちゃらかおちゃらかおちゃらかほい　おちゃらか勝ったよおちゃらかほい……
5	たけのこ 一本	鬼と他全員で掛け合いで歌う。「もう芽が出たよ」で、鬼は子一人(A)を引き抜く。同じ歌を歌い、今度は鬼とAがそれぞれ子一人(B、C)を引き抜く	全員	鬼「竹の子一本おくれ」子「まだ芽が出ないよ」鬼「竹の子一本おくれ」子「もう芽が出たよ」
6	たまりや	ロンドン橋と同じ動き。橋をくぐる子どもたちは全員で手をつなぐ	全員	たまりやたまりやおったまり　そらぬけろやぬけろやねずみさん
7	おてぶし	小さな宝を用意する。歌いながら掌の中に入れた宝を回していく。回したふりをしてもよい。鬼は宝がどこに回っているかを当てる	4〜6	お手ぶし手ぶし手ぶしの中にヘビの生焼けカエルの刺身「一張箱やるから丸めておくれ」「いや」
8	あんたがた どこさ	「さ」でハイタッチ、まりつきで足回しをする		あんたがたどこさ肥後さ肥後どこさ熊本さ熊本……

「アルプス一万尺」「げんこつ山のたぬきさん」「かごめかごめ」「十五夜さんのもちつき」など、今なお子どもたちが熱中するわらべうたも少なくない。

教科書に掲載されているわらべうただけでなく、地元や地域に残るわらべうたも取り入れる。

2 テンポよく、拍にのせて進める

テンポよく進めるコツは、声での指示を極力カットすることだ。音での指示（音指示）が定着すると、スムーズに授業を進めることができる。

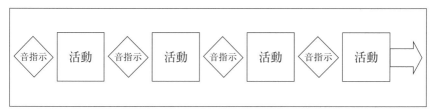

音指示♪ドレミファソ！（起立）

音楽室に入ったらすぐに活動させる。緊張感のない子がいれば♪ソファミレドで、一度座らせてから再度、音指示で立たせる。

いくつなるかな。なった数で集まります。　太鼓♪ドンドン

2つだから2人組……、子どもがペアの相手を探している時にはすでに「せっせっせ」の音楽が流れている。息つく間もなく活動に入る。♪ソラソラソラソラソで友だち交替、数回遊ぶ。

音指示・他のサイン（例）		
音指示	♪ドレミファソ	起立
	♪ソファミレド	着席
	♪ソラソラソラソラソ	友だち交替
	♪さんぽ（ミソド〜）	行進する
	♪ゆかいに歩けば	席に戻る
	ドッドドド−♭レド♭レドッドドド−	大正解！！
他サイン	音を止める	止まる、動かない
	右手を上げる	音を止める

いくつなるかな。　太鼓　♪ドンドンドン

人数を変えながら、他のわらべうたを楽しんでいく。

音指示♪　ゆかいに歩けば（席に戻る）

数回行えば、子どもたちは音の指示を覚えてしまう。

学校で共通の音指示を決めておけば、全校朝会やその他の集会でも役立つ便利な指導法となる。

（関根朋子）

第2章 これだけ知っていれば大丈夫！ 歌唱・合唱指導の基礎基本

9 「拍を感じる力」が身につけば、指揮は誰でもできる

指揮の仕方はいろいろある。具体的な指揮法を学ぶ以前に重要なのは、指揮をする本人に、「拍を感じる力」が身についていることだ。幼少期、低学年期に拍に反応する活動をたくさんさせることで、拍反応力は育つ。

「拍感」を獲得する3つのステップ

校内音楽会などで、指揮者の拍がずれていくのをご覧になった経験はないだろうか。「指揮の型」は合っているのだが、拍が合っていないのだ。

型を覚えるのは簡単だ。しかし、「拍を感じる力」がなければ「型」は、ずれていくのである。

下に記したのは、リズム感を獲得するための順序だ。16万人の子どもの事実からわかったことだ。

1段階	速度の変化に反応できる
2段階	一拍を感ずることができる
3段階	拍子の頭を感じることができる

上記 1 → 2 → 3 の順で徐々にリズム感が身についてくる。「指揮者の拍がずれていく」のは、1段階、2段階での経験が不十分な状態で、3段階のレベルのことをやろうとするからだ。

ステップ1 「速度の変化に反応」に、効果的な「一拍振り」

「速度の変化に反応」させるため、まず「一拍振り」に挑戦させる。

個々の習熟状況を教師が掌握しやすい。

「一拍振り」とは拍に合わせ、手を上下に動かす指揮のことだ。

個人差はあるが、クラス全員が「速度の変化に対応できる」「一拍を感じることができる」状態になるのに、半年程かかる。すぐにできるようにはならない。

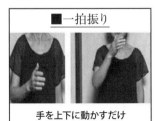

■一拍振り

手を上下に動かすだけ

指揮だけでなくすべての音楽活動を通し、拍を感じさせていく。例えば歌いながら、友だちの歌を聴きながら、鑑賞曲を聴きながら、「一拍振り」を行う。

あるいは、行進、お手合わせ、振りをつけて踊るといった活動を「拍に合わせて」行う。

このような過程を経て、徐々に「一拍を感じることができる」「微妙な速度の変化を感じられる」ようになっていく。

一拍振りで速度の変化に反応できる

なお、「一拍振り」は、十分指揮として通用する。まず歌いやすいのだ。少なくとも、訳のわからない図を描きながら指揮をするのとは、歌いやすさにおいて比べものにならない。

ステップ2　一拍を感じる

「一拍振り」が安定してきたら、両手で指揮をさせる。子どもによっては、早くから両手で指揮をしたがる。しかし、「自分の手の動き」にこだわり、実際には音楽を聴いていない場合がみられる。

こういう時は、片手の「一拍振り」に戻って練習させる。

両手振りで一拍を感じる

ステップ3　拍子の頭を感じる

一拍の感覚が十分に入ってくると、やがて拍の頭を感じることができるようになる。

拍感を教えようと、「1、2、3、4、1、2、3、4……」と唱えさせながら指揮を振らせると、「1」に力が入った不自然な指揮になってしまう。

焦らず、 1 → 2 → 3 の順で取り組ませる。やがて、自分でこう指揮をしたい、ああしたいと、自分なりの指揮を楽しむようになる。このような子どもが育っていれば、拍子の振り分け、強弱や音の抑揚といった細かい表現は簡単にできるようになる。

自由に指揮できる

(関根朋子)

参考文献：山本弘『ふしづくりの音楽教育』〈復刻版〉1、2巻（東京教育技術研究所）

第3章 脳科学を生かした指導法で子どもが変わる

1 脳幹を心地よくする音楽を

極端に不器用だったり、拍の流れに乗れなかったりする子どもが増えている。感覚の統合がうまくできていないのだ。脳幹を刺激し、子どもの心を落ち着かせる音楽授業を取り入れながら少しずつ改善していく。

1 心地よい流れの中で進む授業

♪「ビリーブ」に合わせ、1から順に動きをつけた実践を下に記す。

順	指示・感覚統合からの視点	実際の動き・声かけ
1	「立ちましょう。肩たたき!」 姿勢を保つ、手の位置・手の動き、筋力	
2	「左右ステップ!」 バランスをとる、足の動き、筋力、ボディイメージ	「♪みぎ、ひだり、みぎ、ひだり……」と教師は声をかける。
3	「音楽に合わせて首を回します!」	
4	「耳のマッサージ　目の動き!」 聴覚、視覚	
5	「クロススクロール!」 膝を手で→膝を肘で 右手と左足、左手と右足といった正中線交叉の動き、姿勢を保つ、バランス、手の位置、足の位置、筋力	
6	「2人組・お手合わせ　なべなべ底抜け　4人組お手合わせ」 手の動き、位置・触覚・協応動作・前庭覚・バランス	
7	「手をつなぐ　肩を組む」	

左記1～7の動きは無理なく、少しずつステップが上がっている。

心地よい流れと共に、ボディイメージをどの子にも持たせることができる。他の「動き」を入れてもよい。毎時間行っていくことが大切だ。

2　楽しい関わりの中で進めるわらべうた

指示を出し、すぐに歌い出す。テンポよく進めていくのがコツだ。

毎回相手が変わるので、うまくできる時もあれば、できない時もある。大事なのは、楽しく関わり合うことだ。ふれあい、笑顔、言葉かけが、心を落ち着かせる。リズム伴奏を入れると拍が安定するので、それだけで、心地よくなる。

わらべうた遊びには、乳・幼児期に獲得すべき身体運動がセットになっている。できそうでできないお手合わせも感覚統合の一助となる。

3　感覚統合の面から

「感覚統合」を提唱したエアーズは次のように位置づけている。

> 「感覚統合法」による指導の目的は、感覚運動活動を通して、「脳幹」の機能の体制化を図ることである

脳幹（からだの脳）は、「睡眠・リズム、体温や呼吸の調節、ホルモンの分泌、筋肉運動の調節」等、直接生命に関わる部分を担っている。

脳幹が十分に機能すると、大脳辺縁系（やる気、記憶のコントロール）が積み重なり、大脳皮質（考える脳、思いやり）が働くようになる。

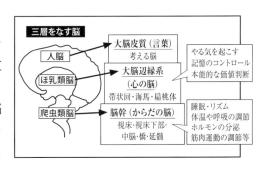

まずは、脳幹の部分を心地よくさせることが大切だ。脳幹が十分に育たないと、その上に、感覚や学習したことが積み上がっていかない。脳幹を刺激するために、音楽を通し心地よさを体感させ、ボディイメージを持たせる。教師はこの視点をもって、授業を組み立てていく。

（関根朋子）

参考文献：福田恵美子『人間発達学』

第3章 脳科学を生かした指導法で子どもが変わる

2 【ワーキングメモリ】
ワーキングメモリが活性化する！楽しい音楽授業

「ワーキングメモリ」（以下 WM と略す）は作業記憶とも呼ばれ、情報を一時的に保ちながら操作するための領域を指す。「音楽活動」を行うには、十分な WM が必要である。一方、WM を活性化し増やす「音楽活動」もある。

1　お手回し＋歌

T→教師、C→子ども

T：お隣さんとお手回し（右へ）
　　1・2・1・2……。(A)　　【A】
T：今度は反対、お手回し（左へ）
　　1・2・1・2……。(B)　　【B】
T：今度は、円をつくってやってみましょう。(C)　【C】
T：歌に合わせてお手回しをします。
　　途中、先生がハイと言ったら、逆回しにするのですよ。

「お手回し」は意外に難しい。まず、動きだけを取りだして確認する。それでも、音楽に合わせると混乱する。さらに、左回りの「お手回し」を、右回りに変えると動きが止まってしまう子どもも出現する。「教師のハイのかけ声で逆回し」、「歌いながら」という負荷がかかるとなおさらだ。円陣でのお手回しも負荷が大きい。向かいの友だちと動きが逆になるので、まねできないのだ。

このような「負荷が複数かかる中で課題（歌を歌う等）をこなす」ことが、WM を活性させることにつながる。

2　サイレントシンギング

先生が「パー」と合図を出した時は歌います。
先生が「グー」と手を握っている時は、みんなは心の中で歌います。
声を出して歌ってはいけません。

T：　　　　　　　　　
C：はーるのおがわは　（さらさらゆくよ）　きーしのすみれや

教師がハンドサインで合図を示す。フレーズが変わる時、歌より少し早めにハンドサインを示すとよい。

WMは前頭前野に位置し、①音韻ループ、②視空間スケッチパッド、③エピソードバッファ、④中央実行系の4つに分けられる。

「サイレントシンギング」の場合、視覚からの情報「視空間スケッチパッド」を元に判断し、「音韻ループ」を駆使して声をだして歌ったり、心の中で歌ったりする。心の中で歌うはずの部分を思わず歌ってしまい、恥ずかしい思いをする子どももでてくる。これらの活動もWMを活性化させる。

3　行進

> T：曲に合わせて、コーンの周りを歩きます。先生が「ハイ」と言ったら向きを変え、逆方向に歩きます。

音楽を聴き、その拍に合わせて歩く。速度の変化を聴き取り、それに応じて歩く速さを変えたり(「音韻ループ」の活用)、教師の身体の動きに合わせてオーバーに、時に小さく身体を動かしたり(「視空間スケッチパッドの活用」) して活動する。

これらも、WMを活性化させるための音楽活動となる。

4　行進＋リトミック

T：歩きます。(♪音楽を流す)
C：(歩く) (音楽を止める)
T：音楽が止まったら、止まります。
　　(再び♪音楽を流す)
C：(歩く) (音楽を止める)
T：(高音で)♪ドレドレドレ〜
C：(両手を上に上げ、ヒラヒラと手を左右に動かす)
T：(♪スキップ音楽を流す)　子：(タッカタッカで動きをつけ走る)

活動パターン例	
音、音楽	活動
1 ♪音楽を流す	歩く
2 止める	ストップ
3 ♪高音でドレドレ	両手を頭上でひらひら
4 ♪ドレミファソファミレド	クルッと1回転
5 ♪低音でソソソ	しゃがむ
6 ♪タタタタ駆け足音楽	駆け足で歩く
7 ♪タッカ スキップ音楽	スキップで動く

旋律の特徴により行進したり、ジャンプしたり、強弱に応じて身体を動かしたりと、音楽に応じ身体表現する。これもまた、WMが大きく関わっている。

HQ(人間性知能)向上にも、前頭前野にあるWMは大きく関わっている。WMを活性化させる活動を、音楽授業にももっと取り入れたい。　　　　　(関根朋子)

参考文献：苧阪満里子『脳のメモ帳 ワーキングメモリ』(新曜社)

第3章 脳科学を生かした指導法で子どもが変わる

3 【興奮と抑制】「流れに乗せておいて、止める」で子どもが熱狂する

「興奮と抑制」とは「流れに乗せておいて、止める」ことである。

音楽授業はまさに「興奮と抑制」の連続である。

この2つを自然に、そして意図的に組み合わせて授業を進めていくと、子どもたちの脳へ効果的に刺激を与え、発達を促すことができる。

1 音楽授業における「興奮と抑制」をつくり出す活動は

音を出す・声を出す・身体を動かす・友だちと関わる。子どもたちを「興奮」させる活動だ。さらに音や声が大きくなる・動きが大きくなる、テンポが速くなると「興奮」はますます高まる。逆に、音を切る・動きを止める・だんだん小さくする・終わる、友だちと合わせる・関わっていた友だちと離れる、これは「抑制」を促すことに他ならない。

音楽授業における「興奮と抑制」の活動とは、すなわちこれに尽きる。

| 流れに乗せておいて、止める |

これは音楽授業の中の様々な場面で使える。いやむしろ、すべての活動において意識することが必要である。

2 効果的な指導の例

曲が変わっても使える「興奮」と「抑制」のパーツを紹介する。

順	興奮	抑制
あそびうた	パーツ1　わらべうた「だるまさん」	
あそびうた	・両手を上げて頭上で輪をつくり、だるまさんのように左右に揺れる。慣れてきたらだんだん速くする。動きを大きくする。	・規則正しくゆれていた体を一時停止。表情も一時停止。動きにフェイントを入れる。だんだん遅くして最後には超ゆっくり。
あそびうた	パーツ2　わらべうた「茶つみ」「せっせっせ」	
あそびうた	・二人でお手合わせ。だんだん速くしたり、「はい!」「へい!」「それそれ」等合いの手を入れ楽しむ。	・急に音を小さくする。一本指でお手合わせ。テンポを落とす。動きを抑えさせ、合わせていく。

	パーツ3　サイレントシンギング	
歌唱	・教師が片手を挙げ、パーを出していたら歌う。	・グーを出したら、声を出さずに心の中で歌う。口もぱっと閉じる。
	パーツ4　フレーズターン・リトミック	
	・曲に合わせ歩く。駆け足、スキップ。速くしたり、音を大きくしたりする。一人、二人、全員で輪になってといろいろな形で。	・フレーズの切れ目でくるっと反転。音楽が止まったら動きもピタッと一時停止。音がタタンと鳴ったら2歩だけ進む。
	パーツ5　ふりつけ、スキップ、ジャンプ	
	・歌いながら拍に乗って踊る。単にジャンプするだけでもいい。間奏でスキップ、ステップ、手拍子をする。教師が前で一緒に動き、動作を大きくするよう促す。	・やじろべえのポーズでピタッと止まって歌ったり、間奏でしゃがんだりする。 ・突然CDを止めてその場でフリーズ。
鑑賞	パーツ6　音色に注目して聴く活動	
	・すずがなっている間、馬車になって走る。(クシコスポスト)	・すずの音が止まったら動きも止める。表情も一時停止。
	パーツ7　旋律に注目して聴く活動	
	・主なメロディが流れている間は拍打ちを続ける。	・主なメロディから違うメロディに変わったら、パッと座る。

まず「興奮」する身体づくりをする。拍やリズム・音楽を捉えその中に没頭できる感覚、友だちと上手に関われる力を育てる。次に「抑制」する力だ。これがつくと身体や心のコントロールが上手になる。もちろん「遊びながら、できたらほめて」育てるのである。

（飯田清美）

参考文献：篠原菊紀『キレない子どもの育て方』（集英社）

第3章 脳科学を生かした指導法で子どもが変わる

4 【脳内物質】音楽授業も「セロトニン5」で対応する

> セロトニン5は次の5つの対応を指す。
> 1 見つめる　　2 微笑む　　3 話しかける　　4 ほめる　　5 触れる

　自分の世界（ファンタジー）に入り込んでしまう子、常にアクセル全開、誰にでも突っかかっていく戦闘態勢に入っている子などには、「セロトニン」の分泌を促す対応スキル「セロトニン5」がよく効く。

1　徐々に世界を共有していく　〜いきなり踏み込まない〜

　不安傾向が強いから、ファンタジーに入り込んだり、「周りはすべて敵」と捉え強硬に身構えたりする。楽しい音楽活動も、何の予告もなしにいきなり始めてしまったら、「踏み込まれた」「支配された」と捉えられかねない。「セロトニン5」を駆使し、徐々に世界を共有していくことから始める。

(1)ファンタジーに入り込んでしまう子への対応

| ①気づかせる段階 ⇒ 　軽く触れる・見つめる |

　ファンタジーに入り込んでいる時、肩や背中を軽くタップして、気づかせる。周りの様子に興味を持ったら、「それでよい」というように、目線を軽く合わせて頷く。

| ②ひき込む段階 ⇒ 　見つめる・微笑む・話しかける・ほめる |

　楽しいこと（音楽に合わせて行う肩たたきなど）を、正面から向き合ってやってみせる。知らん顔をされても教師は楽しそうにやる。ちょっとでもまねができたら、「よし」と短く力強くほめて一気にひき込み、にっこり微笑みながら対教師との関係をつくる。
　「叩いてる、叩いてる」「できてる、できてる」等、今やっていることを2回くり返し話しかける（ほめる）のは効果が大きい。

| ③周りに興味を持たせる段階 ⇒ 　一緒にやると楽しいな |

　音楽に合わせて、お手合わせをする。最初は、教師と行う。うまくできたら、「メ

ンバーチェンジ！」と指示し、考える隙を与えずうまく合わせてくれそうな子と組ませる。「できてるできてる」「楽しいね」などと話しかけて、人と関わることの楽しさを体験させる。

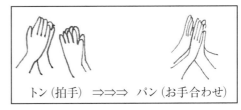
トン（拍手） ⇒⇒⇒ パン（お手合わせ）

(2)常にアクセル全開、戦闘態勢に入っている子への対応

①『そこに居ること』を認める段階 ⇒見つめる・微笑む・話しかける

自分の存在をアピールしたくて、好ましくない行動をしてしまう。そんな時は、目線を合わせて温かい目で見つめる。「よく来たね」「待っていたよ」「さようなら、またね」などと個別に話しかけ、「ここに居てくれることが嬉しい」という気持ちを伝える。

②絆をつくる段階 ⇒触れて、優しく話しかけ共感する

「（教師は）敵ではない」と思わせることに成功したら、絆をつくっていく。愛着に課題を持つ子は、なかなか触れさせてくれない。あせらずゆっくりと関係を築いていくことである。

一緒にお手合わせをする、お手本をする時の相手になってもらう、簡単なお手伝いをしてもらう、など意識して関わりをつくっていく。

背中に触れる・撫でる、ハンドクリームでマッサージをする、「そ」や「ど」のつくことばで相槌を打ち共感する、などが絆を太くしていく。

> 「そ」のつくことば
> そうそう、そうだね、
> そうか、そうなの、そうなんだ
>
> 「ど」のつくことば
> どうしたの、どうですか、
> どれどれ、どうぞどうぞ、
> どういたしまして

2 共有した世界を広げる ～セロトニンの分泌を促す身体活動～

(1)ハイタッチ

音楽に合わせて歩く。フレーズの変わり目で出会った人と、ハイタッチをする。にっこり笑ってハイタッチ、「ハーイ！！」と声をかけてハイタッチ、飛び上がってハイタッチなど、変化をつけると楽しさが増す。

(2)握手

音楽が鳴っている間に、〇人と握手をしてから席に着く。　　　　　（中越正美）

参考文献：平山諭『満足脳にしてあげればだれもが育つ！』（ほおずき書籍）

第3章 脳科学を生かした指導法で子どもが変わる

5 【記憶】生涯エピソード記憶として残る音楽授業

行事で歌った歌や、挫折した時に聴いた曲は、エピソードと共に「海馬」に記憶・保持され、「音楽」と共に「再生」される。年をとっても思い出が想起され、脳が活性化する「歌や音楽体験」を数多くつくっていく。

1 脳科学と音楽

(1)大脳辺縁系に「海馬」という「記憶」を留めておく場所がある。「海馬」の端には「扁桃体」があって、この「扁桃体」が興奮すると、「海馬」も興奮し、短期記憶を長期記憶にするのを助ける。

(2)歌ったり、動きをつけたりすると扁桃体が興奮し、記憶が保持される。動きをつけて歌う。

記憶力とは「記憶→保持→再生」のことである。「再生」は脳の動きを活性化させ、過去のことを思い出しやすいモード(想起モード)になる。「再生」は神経細胞をつなぐ回路の動きを活性化させる。

歌を歌ったり、動作をつけて歌ったりすることが「再生」にあたる。

例えば、歌詞に合った動作をしながら歌う。

「♪歩こう」…その場で足踏みをしながら。

「♪私は元気」…ガッツポーズをして。

動作をしながら歌うことで、歌を覚えることが容易になる。また、「歌う」「動く」という2つのことを同時にすることで、脳が活性化する。

(3)愛唱曲をもつ

歌をたくさん覚える。50曲、60曲……と覚えて歌えるようにする。

そしてその歌を、学校生活の折々で歌っていく。

例えば遠足のバスの中。ハイキングでの行き帰り。学級でのイベント。

歌は、これらの楽しい思い出と結びつく。再びその歌を歌うと、「楽しい経験」を思い出す。つまり「想起モード」になる。

例えば運動会。1年生は大好きな6年生と共に、大きな声で運動会の歌「ゴーゴーゴー」を歌う。紅組は紅組の、白組は白組のメロディを歌うが、いつの間にか両方

とも覚えてしまっている。運動会シーズンが終わってもしばらくは、「『ゴーゴーゴー』が歌いたい」というリクエストが続く。この歌を歌うことで楽しかった運動会を思い出し、何とも嬉しい気持ちになるのだろう。

2 仲間と楽しさを共有する

(1)手遊び歌

2人組、あるいはグループで歌い、遊ぶことで、仲間との一体感を得ることができる。また、「ひらいたひらいた」や「かごめかごめ」は、全員が足並みをそろえて回らなければならない。楽しく遊ぶうちに、コミュニケーション能力も育っていく。手をつなぐ、触れ合うことで、セロトニン効果も生まれる。コミュニケーションをとることも脳の活性化には欠かせない。

(2)ドレミの階段

階名は器楽演奏の際、どうしても必要となる。

そこで、大型紙鍵盤を用い、階名を歌いながら何回も遊んだ。仲間が周りで階名を歌う中、声を出して歌い跳ぶ、という経験をさせたのだ。

まず楽しい。仲間が歌って助けてくれるし、見守ってくれる。そして、ドレミファソの音の順番が視覚的にも捉えられる。同じ目標に向かって友だちと楽しい活動を体験すると、脳全体が活性化する。

大型紙鍵盤での階名遊び

3 教師が「笑顔」である

教師が笑顔で授業している。それだけで子どもは安心し、嬉しい気持ちになる。「授業が楽しい」と思うようになる。ミラーニューロン効果だ。音楽は「音」を「楽しむ」教科だ。

「楽しいから笑うのではなく、笑うから楽しいのだ」という言葉もある。いつでもどこでも、どんなときも笑顔をつくることができるよう、笑顔の練習をする習慣をつけたい。

「笑顔」だから楽しい

(小林千草)

参考文献：「TOSS式脳トレで子どもの脳を活性化する」『教育トークライン』No.401

第4章 音楽能力を育てる表現活動

1 「拍の流れに乗る力」を育てる

「拍の流れ」とは、音楽の拍が一定の時間的間隔をもって刻まれたり、間隔に伸び縮みが生じたりすることをさす。こうした拍の流れを感じながら、音楽に合わせて表現したり、微妙な変化に気づいたりする力を育てる。

1 お手合わせ

「拍の流れに乗る」ため、まず音楽に合わせて一人で手を叩いたり、手を上下に動かして指揮したり、身体を動かしたりする。

慣れてきたら、2人組でお手合わせをする。

2拍子の曲なら、1拍目で手叩きし、2拍目で相手とお手合わせをする。

3拍子の曲なら、1拍目で手叩きし、2拍目、3拍目で相手と手合わせする。

2拍子 1 2(右) 2拍子 2(左)

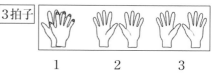
3拍子 1 2 3

「ぶんぶんぶん」「ひのまる」「うみ」「虫のこえ」「茶つみ」など、教科書の教材曲の殆どでお手合わせはできる。また、各学校の「今月の歌」でお手合わせをしても楽しい。

相手と呼吸を合わせないと手がぴたりと合わないので、子どもは曲をよく聴くようになる。「拍の流れ」にうまく乗れない子どもも、相手に合わせようとすることで少しずつできるようになる。

2 肩たたき

音楽に合わせて自分の肩や友だちの肩を叩く活動も、拍の流れに乗る力を育てる。曲に合わせて「左肩4回、右肩4回」(あるいは8回ずつ)とくり返して行う。

『春の小川』
は・あ・る・の・お・が・わ・は （右肩8回）

さ・ら・さ・ら・ゆ・く・よ・V （左肩8回）
き・ー・し・の （右肩4回）　す・み・れ・や （左肩4回）
れ・ん （右肩2回）　　げ・の （左肩2回）
は （右肩1回）　　　　な （左肩1回）　　に （両手を合わせる）

　上記のように、回数に変化をもたせて行うとなお楽しい。

左の人4回！（と教師が言いながら左の人の肩を4回叩く→　まねさせる）
右の人4回！

　まず、教師が手本を示し、まねをさせる。その後、子ども同士で左右の人の肩を叩きながら歌う。

　子どもは、友だちとふれあう活動が大好きだ。

　変化のあるくり返しで、様々な曲、いろいろな肩たたきを行う。

3　指揮

曲に合わせて指揮をしましょう

　鑑賞曲『ユモレスク』（ドボルザーク作曲）に合わせ、指揮をさせた。「拍」はメトロノームで刻むように一定ではなく、伸びたり縮んだりする。

　「1・2・3・4……」と拍を数えながら指揮をしていた子どもたちは、曲と合わなくなって、戸惑いの表情を見せた。しかし、指揮を何度かくり返すうちに、曲に合わせられるようになった。

4　ふしづくり　～「名前呼び遊び」～

「ふしづくり」では、「拍の流れに乗ること」を大きなねらいとしている。第1段階「リズムに乗った『ことば遊び』名前呼び遊び」も、拍の流れに乗る力をつけるために有効な活動だ。

　皆「み・き・さん・ウン」　　美紀子「はあい」
　皆「と・おる・さん・ウン」　通「はあい」
　名前を呼ぶ子も呼ばれる子も手拍子を打つ。
　呼ばれた子は拍の流れに乗って「はあいV」と返事をする。

名前呼び遊び

双方に、拍の流れに乗る力がついていく。

（川津知佳子）

参考文献：山本弘『ふしづくりの音楽教育』〈復刻版〉1、2巻（東京教育技術研究所）

第4章 音楽能力を育てる表現活動

2 「身体反応力」を育てる20のステップ

「身体反応」とは音楽を感覚的にとらえ瞬時に身体で表現することである。

つまりとらえた音楽要素（速度・拍子・リズム等）を手足や胴・頭を動かして表すのである。これにより様々な感覚が発達する。音の捉え方が鋭くなり表現力もつく。音楽能力の土台をつくることができるのである。

1 身体反応力を育てるには順番がある

ただ音楽を聴かせ「自由に動いてごらん」といっても身体反応ができるようにはならない。これも「能力」であるから、発達の順序や段階がある。

授業ではねらいを絞って1つずつ負荷をかけていく。

	段階
お手合わせ	①音楽に合わせて身体を左右にゆらすことができる
	②音楽に合わせて手や肩を叩くことができる
	③友だちと合わせてせっせっせができる
	④速度の変化に合わせてせっせっせができる
	⑤強弱の変化に合わせてせっせっせができる
	⑥拍子の変化に合わせてせっせっせができる
歩く	⑦音楽に合わせて歩くことができる
	⑧ストップに反応できる
	⑨歌いながら歩くことができる
	⑩フレーズターンができる
	⑪歌いながら左右にステップを踏むことができる
	⑫かけ足リズムに反応できる
	⑬スキップリズムに反応できる
	⑭長調短調に反応できる
	⑮強弱、高低、はずむ・なめらかなどに反応し歩くことができる

指揮をする	⑯音楽に合わせて一拍振りができる ⑰拍子の頭にアクセントをつけて振れる ⑱手の形は自由にしてタクトがとれる ⑲曲想に応じたタクトがとれる ⑳曲を解釈してタクトがとれる

　1時間に1つできるようになるというものではないし、これができないと次に進んではだめ、というものでもない。ただ「音楽に合わせ自由にのびのびと身体表現している」姿になるまでにはいくつものステップが必要だということである。

2　授業の中で扱うコツ

①まねさせる

　肩を叩く、せっせっせをする、歩く、一拍振りをする、という動作をまず教師がやってみせる。よりよい動きを引き出すにはよい手本を見せること、その通りにさせてみることが大切だ。

②続ける

　短い時間でよい。「毎時間」続ける。授業のどこか（例えば始まり10分間等）に位置づけるとよい。

③説明しない、考えさせない、瞬時に反応させる

　説明を聞いたり頭で考えて身体を動かすのではなく、最初の音、和音、リズムを聴いた瞬間にパッと反応できる子を育てる。そのことを「まばたきするように反応させる」とふしづくりの山本弘氏は言っている。

説明しないで瞬時に反応

④ほめて価値づける

　子どもたちの動きをよく観察し、よい動きができた子をすかさずほめる。「○○ちゃんの歩き方上手！」「○○くんの動き音楽に合ってる！」「手の動かし方がやわらかい！」とほめて価値づける。みんなの前で手本を示させるのもよい。

（飯田清美）

参考文献：山本弘『ふしづくりの音楽教育』〈復刻版〉1、2巻（東京教育技術研究所）

第4章 音楽能力を育てる表現活動

3 「階名を抽出する力」を育てる2つのポイント

「階名を抽出する力」を育てるには、2つのポイントがある。
1．「音」→「表現」→「記号」の順番で指導を行い、聴く力を育てる。
2．階名抽出は、授業で扱った曲やまね吹きで取り組む。

1 教材曲から、簡単なふしを階名抽出する

　子どもが、知っている教材曲の中から、簡単なふしを階名抽出する。子どもは、階名唱だけでなく、鍵盤ハーモニカも、やさしいふしであれば演奏できる。

2年生の教材「虫のこえ」　　　　　　　　　　T→教師、C→子ども

T：歌います。チンチロ　チンチロ　チンチロリン
C：チンチロ　チンチロ　チンチロリン
T：ルルルル　ルルル（音程をつけて）C：ルルルル　ルルル
T：鍵盤ハーモニカ（以後、鍵盤とする）を出します。今歌ったところを鍵盤で吹きます。できたら先生に聴かせてね。 　　吹けた子どもは、ミニ先生として吹けない友だちへ教える。 　　（階名は教えない。友だちのそばで、鍵盤を吹いて音を教える。）

全員が吹けたら、

T：(鍵盤で) ソラソラ　ソソソ　　C：(鍵盤で) ソラソラ　ソソソ
T：階名唱。ソラソラ　ソソソ　　　C：ソラソラ　ソソソ

2 「まね吹き遊び」で聴く力を育てる

「まね吹き遊び」とは、教師が演奏したふしを、子どもが聴き、まねして演奏する活動である。毎時間5分程度、この活動を取り上げることで、音の高低やリズムを感じ取る力が育っていく。

「まね吹き遊び」　　　　　　　　「ふしづくり一本道」7段階27ステップより

T：先生のまねをします。(鍵盤で) ド　ド　ド　V
C：(鍵盤で) ド　ド　ド　V

　　　　　　　　　　教師は、楽譜はもちろん、鍵盤ハーモニカの鍵盤も見せない。全員が吹けるまで、教師はくり返し同じふしを演奏する。子どもは、耳だけを頼りに音を探る。だからこそ、子どもの聴く力が育つ。

「まね吹き」の最初は、「ド」の1音で、リズムまねっこから始めるとよい。吹けるようになったら、「ドレ」の2音、「ドレミ」の3音と少しずつステップを上げていく。

3　「まね吹き」→「ドレミあてっこ」で階名を抽出する力をつける。

「まね吹き」ができるようになってきたら、「ドレミあってこ」を行う。
　聞いたふしを、すぐ模唱奏してから階名唱をする。
「ドレミあてっこ」　　「ふしづくり一本道」9段階34ステップより

```
T：「ドレミあてっこ」をします。　　　　　　　　｜「ドレミあてっこ」
　　1．きく　2．まね吹き　3．ハミング　　　　　｜1．きく
　　4．階名唱の順番で行います　　　　　　　　　｜2．まね吹き
T：きく。（鍵盤で）ドレミV　　T：まね吹き　　　｜3．ハミング
C：（鍵盤で）ドレミV　　　　　T：ハミング　　　｜4．階名唱
C：（ハミングで）NNN〜　　　T：階名唱
C：ドレミ
```

　一連の活動を、○○○V（タンタンタンウン）の拍の流れに乗って行う。

4　どの子も熱中！「ドレミ合戦」

「ドレミあてっこ」に慣れてきたら、「まね吹きドレミ合戦」を行う。クラスをA、Bの2チームに分け、A、B両チームから1名ずつ前に出す。Aが○○○Vと3音のふしを吹き、それをBが間を空けずまね吹きする。Bはまね吹
きした後すぐ、次の問題を出題する。どちらかが、音につまったり、まねできなかったりするまで続ける。勝者が次の人と対戦する。2人とも続いた場合は、引き分けにする。遊びながらも、音を集中して聴こうとすることで、力がついていく。

（吉川たえ）

参考文献：山本弘『ふしづくりの音楽教育』〈復刻版〉1、2巻（東京教育技術研究所）

第4章 音楽能力を育てる表現活動

4 ふしづくりや教材曲で「即興・変奏する力」を育てる

「即興・変奏する力」は、短時間では身につかない。毎時間の「1つのコマ」を使い、スモールステップで取り組むことで身につく。誰にでもできる楽しい活動をたくさん用意することがポイントだ。

1 「3音のリレー」で「即興する力」を育てる

○○○V（タンタンタンウン）の拍の流れに乗って、楽器を使い「3音のリレー」を行う。まずは、○○○Vの拍の流れに乗りながら吹ける「即興する力」を育てる。

3音のリレー

「ふしのリレー」T→教師、C→子ども 　　「ふしづくり一本道」8段階31ステップより

```
T：「ふしのリレー」をします。○○○Vの拍の流れに乗って演奏します。
　　好きな音を使って吹きましょう。Aさんから順番に吹きましょう。
　　（カスタネットで）○○○V
C1：ドレミV　　　C2：ミレドV　　C3：ミ　レミ　ドV
　　　　　　　　　　　　　以下、順番に「ふしのリレー」を行う。
```

クラス全体、8人組、4人組、2人組などで行う。人数が少ないほど、子どもたちの活動量が増える。

2 友だちのふしをまねする「好きなふしさがし」

グループ全員のふしの中で、新しいふし、好きなふしがあったら見つけ、みんなで模奏する。友だちのふしをまねすることで、自分のものになる。

「好きなふしさがし」　　　　　　　「ふしづくり一本道」8段階33ステップより

```
T：ふしのリレーをしましょう。（代表のグループ）
T：どのふしが好きですか。　Aさん、Bさん……。（挙手をさせる）
　　今日は、Aさんのふしをまねしましょう。（Aさんのふしをまね吹きする）
```

3 「リズムかえっこ」で音楽ことばを「何倍にも」増やす

同じふしを、様々なリズムに変奏する。音は同じだけれどリズムが違うことを、子

どもにくり返し体感させる。そうすることにより、子どもの音楽ことばが、何倍にも増える。

「リズムかえっこ」　　　　　　　「ふしづくり一本道」7段階28ステップより

```
T：「リズムかえっこ」をします
　　1聴く　2まね吹き　3リズム唱　4リズムかえっこ　　〈板書〉
　　の順番でやります
　　聴く。（鍵盤で）ミレドV。
　　まね吹き
C：（鍵盤で）ミレドV
T：リズム唱
C：タンタンタンウン
T：リズムかえっこ
C：（鍵盤で）タタタタタンウン　1番のリズム
　　　　　　　　　　　　　以下、2～6のリズムを順番に吹く。
```

4　教材曲から、簡単なふしを「リズム変奏」する

　子どもが、知っている教材曲（「日の丸」「きらきら星」など、♩を主体とした曲が便利）の中から、簡単なふしをリズム変奏する。
　既習曲なので、子どもはリズム変奏のリズムも簡単に吹くことができる。
　2年生の教材「かえるのがっしょう」

```
T：（階名唱）ドレミファ　ミレド　（♫♫｜♫♩）
C：（階名唱）ドレミファ　ミレド
T：（鍵盤で）ドレミファ　ミレド　C：（鍵盤で）ドレミファ　ミレド
T：リズム変奏
T：（鍵盤で）ドド レレ ミミ ファファ ミミ レレ ドド　（♫♫）
　　　　　　　　　　　　　以下、リズムを変えて変奏する。
```

（吉川たえ）

参考文献：山本弘『ふしづくりの音楽教育』〈復刻版〉1、2巻（東京教育技術研究所）

第4章　音楽能力を育てる表現活動

第4章 音楽能力を育てる表現活動

5　3つのステップで指導する「グループ創作」

「グループ創作」とは、グループでふしやリズムを創作し、演奏する活動である。「グループ創作」は、3つのステップで指導する。

1. 「続くふし」「終わるふし」を意識した「ふしのリレー」。
2. ふしに「合う音」をつける。
3. ふしに「リズム伴奏」をつける。

1 「続くふし」「終わるふし」を意識した「ふしのリレー」

　前項で、「ふしのリレー」の指導について紹介した。「ふしのリレー」ができるようになったら、「続くふし」「終わるふし」を聴き分け、フレーズ感を養う。

続くふし　終わるふし

「続くふしと終わるふし」　T→教師、C→子ども　「ふしづくり一本道」10段階36ステップより

T：「続くふし、終わるふし」のべんきょうをしましょう。「続くふし、終わるふし」どちらでしょうか。
T：♪ドミラ（吹く）　　C：続くふし
T：♪ソミド（吹く）　　C：終わるふし

T：今から、先生がふしを吹きます。「終わるふし」のときに手を挙げましょう。（鍵盤ハーモニカで以下のふしを吹く）

　C：3つめが、終わるふしでした。

T：4人グループで終わるふしをつくりましょう。最後の人は、「終わるふし」をつくります。

　この活動を通して、グループで「続くふし」「終わるふし」を聴き分けながら、ふしをつくることができる。

2　ふしに「合う音」をつける

　先ほどつくったふしに、保持音「合う音」をつける。自分で「合う音」さがしをするとハーモニー感がきわめて鋭くなる。

　この活動に入る前に、教材曲を使用し「合う音」「合わない音」を感じる活動を入れていく。子どもがハーモニーを感じるまで、くり返し活動することが大切だ。

「合う音さがし」　　　　　　　「ふしづくり一本道」20段階65ステップより

> T：グループ（4人組）で作ったふしに「合う音」を探します。
> 　2人が、旋律を吹きます。2人は、鍵盤を吹いて「合う音」探しをします。時間になったら、役割を交替しましょう。
>
>
>
> T：グループで、どの音が「合う音」なのかを決めます。

3　ふしに「リズム伴奏」をつける

　ふしに「合う音」がついたら、最後に「リズム伴奏」をつける。「創作したふし」に「リズム伴奏」を加えることで、曲に深みがでてくる。

　タンバリンやカスタネットなどの楽器を用意し、班ごとに「リズム伴奏」をつけていく。

> T：リズム伴奏をつけます。グループで相談して、伴奏を決めます。
>
>

> T：「リズム伴奏」が決まったら、練習をします。旋律を吹く人、「合う音」を吹く人、伴奏をする人を決め、練習しましょう。

　最後に、「グループ創作」の曲を発表する。

（吉川たえ）

参考文献：山本弘『ふしづくりの音楽教育』〈復刻版〉1、2巻（東京教育技術研究所）

第4章 音楽能力を育てる表現活動

6 「コーナー学習」でお気に入りの表現活動を楽しむ

「コーナー学習」には、「指揮」「お手合わせ」「歩く」「美しく歌う」等の学習がある。この中から自分がやりたい活動を1つ選び楽しむ。「私はこれがしたい」と思うことが、「自分の思い」をもつことにつながる。

1 まず歌を覚える

「まず耳から入れ」、聴くことに集中して歌えるようにする。

　楽譜や教科書は、初めは見せない。「指揮」「お手合わせ」「歩く」「振りをつける」といった活動を、1つずつ一通り指導してからコーナー学習に入る。

2 1つ1つの動きを覚える

(1)歩く

| 曲に合わせて歩きます。 |

　曲をよく聴き、曲の速さに合わせて歩く。

　歩いているうちに楽しくなってしまい、鬼ごっこをしているかのように小走りに走り始める子どもが出てくる場合がある。そのような時は、

| Aさんだけ歩きます。 |

と、全員をその場で座らせ、上手に歩いている子どもに歩かせる。

| Aさん合格！ |

「合格」の声を聞いて、それまで走っていた子どもも上手に歩き始める。こんな時は、すかさず「とってもいいね！」とほめる。

(2)指揮をする

　机をリズミカルに叩くような感じで「一拍振り」をする。「指揮」のよいところは、自分が主役になったような気分になれることである。指揮者はたいてい「一人」である。しかも前に立っていて一番目立つ存在だ。そんな存在になれるのだからたまらない。どの子も気持ちよさそうに指揮をする。

(3) お手合わせをする

2人組で曲に合わせてお手合わせをする。5年生のやんちゃくんたちが嬉々として「ビリーブ」の曲に合わせてお手合わせをする、といった光景も見られた。

お手合わせにはいくつかパターンがある。

例えば、友だちと手を合わせる時に、「両手を合わせる」、または「右手と左手を交互に合わせる」といったパターンである。どちらの場合も、曲に合っていればOKだ。私の学級では、「ハイタッチのお手合わせ」「2倍速のお手合わせ」が誕生した。

(4) 振りをつける

教師が考えた簡単な振りをまねさせたり、手話を入れたりする。手話は何度もくり返しているうちにリズミカルな動きになってくる。「どうしても踊りたい」という子どもがいれば、好きなように振付けさせる。

最初は跳んだりスキップしたりするぐらいの動きでも、回数を重ねると工夫がみられるようになる。曲の山場の部分だけ特別な動きを入れたり、フレーズの切れ目でスキップの方向を変えたりする等だ。バレリーナのような回転の動きをする子どももいて、思わず拍手してしまったこともある。

3　コーナー学習

これら複数のコーナーから1つ選んで活動する。1つを選択することが重要だ。一度コーナー学習を体験すると、「先生、もう1回やりたい」というアンコールの声が出る。

どの活動も「歌いながら」行うので、音楽能力も高まっていく。

（小林千草）

参考文献：山本弘『ふしづくりの音楽教育』〈復刻版〉1、2巻（東京教育技術研究所）

第5章 音楽能力を育てる鑑賞指導

1 リズムの特徴は「速度」「拍子」「楽器」でわかる

　鑑賞曲は目的をもって聴くと、聞こえ方が違ってくる。「速度」「拍子」「楽器」に着目し、曲に合わせて「歩く」「動く」「楽器の演奏をまねる」ことで、その曲の「特徴」に気づくことができる。

1 「速度」に着目

いろいろなタイプの曲に合わせて歩く。

　元気いっぱいに歩くことができる「さんぽ」や「ミッキーマウスマーチ」。のんびりゆったり歩くことができる「動物の謝肉祭」より「かめ」。かっこよく歩きたい「ピンクパンサーのテーマ」。ついつい走りたくなる「道化師のギャロップ」等々。

元気いっぱいに

「速度」によって歩き方が変わる。つまり、リズムの取り方が変わることを感覚的に捉えることができる。

かっこよく

のんびりゆっくり

2 「拍子」に着目

曲に合わせてリズム打ちやお手合わせをする。

　例えば、「トルコ行進曲」（ベートーベン作曲）では、

１（膝）・２（手）、１（膝）・２（手）、…

　という、２拍子系のリズム打ちになる。

「メヌエット」（ペツォルト作曲）は

１（膝）・２（手）・３（手）／１（膝）・２（手）・３（手）…

　という、３拍子系のリズム打ちになる。

　この２種類のリズム打ちをいろいろな曲で試してみる。

2拍子系の曲の例	3拍子系の曲の例
・さんぽ(久石譲)	・なみをこえて(ローサス)
・道化師のギャロップ(カバレフスキー)	・ぞう(サン=サーンス)
・ピンクパンサーのテーマ(マンシーニ)	・おどるこねこ(アンダーソン)
・かめ(サン=サーンス)	・メヌエット(ボッケリーニ)
・ミッキーマウスマーチ(ドッド)	・子犬のワルツ(ショパン)

 2拍目や3拍目を、1拍目よりも軽めに叩いている子どもも見られる。拍の感じを自然に捉えているのだ。このような動きをほめ、参照させることで、他の子どもたちにも波及させる。

3 「楽器」に着目

リズムを演奏している楽器の音を聞き、楽器の演奏をまねする。

 (1)「シンコペーティッド・クロック」

 曲に合わせてウッドブロックを打つまねをさせる。すると途中で今までとは違ったリズムが現れる。楽器の演奏のまねをすることで、リズムの変化に気づくことができる。

 (2)「ファランドール」

 第2主題「馬のダンス」でリズミカルな太鼓の音が聴こえてくる。

指示　太鼓の音が聴こえたら立って、太鼓を叩くまねをしましょう。 　　　太鼓の音が止んだら座ります。

 子どもたちは太鼓の音に集中する。曲が終わったら次のように問う。

発問　何回立って演奏しましたか？

 太鼓の音に夢中だった子どもたちは覚えていない。改めて曲を聴いて確かめる。太鼓の音に着目することで、曲の構成にも気づくことができる。

 (3)「越天楽」

発問　どんな楽器の音が聴こえましたか。

 「太鼓」「琴」「すずみたいな楽器」といった答えが出てくる。そこで曲に合わせて太鼓(鞨鼓)を叩くまねをする。すると、五線紙では表すことができない日本独特のリズムを体験することができる。

(小林千草)

第5章 音楽能力を育てる鑑賞指導

2 「音色」というコードには2つの着目点がある

「音色」に着目した鑑賞活動を行う場合、2つの視点がある。

1　ある楽器の「音そのもの」を聴き分ける
2　1つの楽器の「音色のちがい」を聴き取る

どちらに視点を置くかにより指示発問の組み立てが変わる。

1　ある楽器の「音そのもの」を聴き分ける鑑賞活動

次のような活動ができる。

(A)その楽器の音が聴こえたら手を挙げる。
(B)その楽器の音が聴こえている間、立つ。(まねをする・歩く等もよし)
(C)その楽器が何回鳴ったか数える。
(D)その楽器の旋律を口ずさむ。
(E)その楽器が使われている効果を考える。(何を表しているのか)

【例1：すず】『クシコスポスト』または『そりすべり』　＊活動ＡＢＥを選択
　①郵便屋さんが馬車に乗ってお手紙を配っています。馬が走っている間、ある楽器の音が聴こえます。それは何ですか。(すず)
　②すずの音が聴こえたら手を挙げます。
　③すずの音が聴こえている間、お馬になってかけ足をします。
　④すずの音は何を表していますか。→「馬が〜」と言います。
　　(馬が一生懸命走っている。馬が軽やかに走っている。等)

【例2：トランペット】『くるみ割り人形』　＊活動ＡＢＣＤＥを選択
　①人形の兵隊さんがラッパを吹いていますよ。ラッパの音が聴こえたら　手を挙げましょう。
　②ラッパの音が聴こえたら立ってラッパを吹くまねをします。
　③何回立ちましたか。
　④ラッパのメロディを一緒に口ずさみます。
　⑤兵隊さんはラッパを吹いて何をお知らせしていると思いますか。
　　(みんな集合時間ですよ。これから王様が出発しますよ。等)

2　1つの楽器の「音色のちがい」を聴き取る

次のような活動ができる。

> (A)何の楽器か確認する。
> (B)その楽器の音色が変わったな、と思うところで手を挙げる。
> (C)そろぞれどんな感じか言葉で表す。(みんなで意見を出し合い、できるだけいろいろなことばで表現する→内部情報の蓄積)
> (D)どちらの音色が好きか、自分の意見を書く。(言う→内部情報の蓄積)
> (E)音色が変わることによる効果を考える。(何を表しているのか)

【例3：バイオリン】『おどるこねこ』『チャールダッシュ』　＊活動ＡＢＣＤＥを選択

　『おどるこねこ』(低中)　ワルツの音色と鳴き声の音色の違いを聴き取る。
　『チャールダッシュ』(高)　哀愁ただよう音色と激しく踊り狂うような音色の違いを聴き取る。

3　感想の書かせ方

　感想は視点を示しながら書かせるのがよい。音楽の要素カードの中からその日使うカードを選び、見せながら授業を進める。

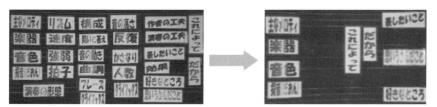

音楽の要素

【例4】「主なメロディを口ずさみましょう」「演奏している楽器は？」「音色が変わったら手を挙げます」「何を表していますか」「『これによって・だから』のどちらかの言葉を使って感想を書きましょう」

> バイオリンの音が途中で激しくこするような、弾んだ音色になった。だから女の人がクルクルと踊っているのが思い浮かんだ。そこが好きだ。

（飯田清美）

第5章　音楽能力を育てる鑑賞指導

3　旋律を歌い、身体を動かせば「音」が聴こえてくる

「旋律」（メロディ）に着目した鑑賞活動を行う場合、4つのポイントがある。

1　身体を動かしながら聴く
2　主旋律を聴き分ける
3　旋律の特徴を聴き取る
4　重なり合う複数の旋律を聴き分ける

```
音の重なり
主旋律 ━━━━━━
副旋律 ━━　━━　━━
低音部 ●●●●●●●●●●●●●●●
```

1　身体を動かしながら音を聴く

発問1　季節はいつですか。（冬）

発問2　なぜ、そう思いましたか。（そり、すず）

指示　シャンシャンと音が聞こえたら、手ですずをならしましょう。

　上記は「そりすべり」（アンダーソン）での指示発問だ。ある特定の音が聞こえたら、身体を動かす（この場合、すずをならすまねをする）。
　1つの音をたどることで、他の旋律が聴き取りやすくなる。

2　主旋律を聴き分ける

　主旋律とは、「その曲の中心となるメロディ」のことだ。主旋律を聴き分けられることが、鑑賞の授業の基本となる。

指示1　♪ララ　ラ　ラ　　ラ　ラ　ラ　ラ　ラ 　　　　この曲の主旋律です。歌いましょう。

指示2　今歌った主旋律が聴こえたら、立ちましょう。 　　　　聴こえなくなったら座ります。

　主旋律を押さえることで、曲の構成が把握しやすくなる。
　主旋律が聴こえないと、副旋律とのかかわりや、それを支える低音とのバランスなどを聴き分けることができない。

3 旋律の特徴を聴き取る

「はずむ」と「なめらか」

「はずむ感じ」と「なめらかな感じ」は旋律の特徴の違いを、子どもに把握させやすい。「ゆかいに歩けば」「冬の歌」「ちびっこカウボーイ」など、両者を対比させた教材も多く作られている。

しかし、歌う曲と鑑賞曲では、聞こえ方が違ってくる。使用楽器や構成などにより、同じように聴こえないのだ。

だから、鑑賞教材を用いて「この曲ははずむ感じ」「ここはなめらかな感じ」と教えていく。同様に「楽しい感じ」「激しい感じ」「悲しい感じ」「日本的な感じ」と、旋律の「感じ」を1つ1つ教えていく。

4 重なり合う複数の旋律を聴き分ける

「ファランドール」は「重なり合う旋律」を体感させやすい。冒頭部分を聴いた後、指示する。

指示1　主旋律を歌います。♪ラララララ‥

発問1　今歌った主旋律は何を表していますか。(王の行進)

指示2　主旋律(王の行進)が聴こえたら立ちましょう。(通して聴く)

発問2　次の旋律は何を表していますか。(馬のダンス)

指示3　「馬のダンス」の旋律が聴こえたら立ちましょう。(通して聴く)

「王の行進」チームと「馬のダンス」チームに分ける。

指示4　教室廊下側をA、校庭側をBとします。Aチームは「王の行進」の旋律が聴こえたら立ちます。Bチームは「馬のダンス」で立ちます。

教室を二分し、担当を決めて聴く。A、B2つの旋律が交互に提示されていく。最後はA、B両方の旋律が重なるので、全員が起立することになる。音の重なりが音情報だけでなく、視覚的にも捉えられる。

(関根朋子)

第5章　音楽能力を育てる鑑賞指導

4　聴いて動いて「問いと答え」を体感する

「問いと答え」とは「音やフレーズ、旋律が、互いに呼応する関係にあるもの」を指す。「♪もういいかい?」「まあだだよ」、これも「問いと答え」だ。「問いと答え」という視点を持つことで、楽しく音楽を聴き、「音楽の仕組み」にも気がつくことができる。

1　「問いと答え」の種類（学習指導要領解説）

①Aという問いに対してAと答えるもの（模倣）
②Aに対してBやCといった異なったもので答えるもの（対照）
③長いAに対して短いBを挿入するもの（合いの手）

2　「おどるこねこ」で「問いと答え」を教える

| 問　これから聴く曲にはある動物が出てきます。何という動物ですか。|

　冒頭の部分を聴かせた。30秒ほど聴いた後、全員に答えさせた。座っている端から、一人一人手で合図を送りながら、次々に言わせた。
「ネコ」「イヌ」「ゾウ」「ライオン」「ウマ」……。
　いろいろと答えが出てきた。

| 指示　もう一度聴きます。|

　再度、出だし部分を聴いた。候補が複数挙がったので、逆に、子どもたちには聴きやすいようだった。今度は、希望者に理由を答えさせた。
「にゃーおとないていたから、ねこだと思います」とA子が自分の意見を言った。答えを言わずに、更にもう一度、聴かせた。
「ああ、ねこだ!」という声があちこちから聞こえてきた。
　何度も聴いたので、聴こえるようになったのだ。
　もちろん、「正解を言うこと」が目的ではない。聴き方がよくわからないのだ。だから、何回も聴かせ、「私にも聴こえた」を実感させたい。

| 「にゃーお」と、ねこがないている部分で、手まねきをします! |

子どもたちはニコニコしながら、曲に合わせ手招きをする。そして、同様のメロディが繰り返され、そのあとに決まって「にゃお」と手まねきをする場面があることに気づいてくる。

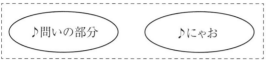

♪問いの部分　　♪にゃお

低学年では「問いと答え」という言い方は教えない。
しかし、「問いと答え」を感じさせる場面を、可能な限り提供する。

3 「剣の舞」で「問いと答え」

問　一番目立っている楽器は何ですか。

子どもに圧倒的な人気を誇るのがこの曲だ。
　木琴と答えてほしいところだが、ティンパニ、小太鼓、トロンボーンを挙げる子どもも多い。独特な響きをもつ楽器が競演するので、目立って聴こえる楽器が一人一人違って聴こえるのだ。

指示　木琴の音が聴こえたら一緒に叩きます！木琴のばち（エア）を持って！

　主旋律（曲の中心となるメロディ）を担当しているのが木琴パートだ。
　木琴を叩くまねをすることで、旋律が耳に入ってくる。
　次にトロンボーンパートに注目させる。「合いの手」を入れる感じでトロンボーンが入ってくる。同様にトロンボーン（エア）を持ち、演奏に合わせて楽器を操作させる。
　木琴担当とトロンボーン（「合いの手」）担当に教室を分け競演する。
　2人組を組み、それぞれ木琴、トロンボーンを担当して競演してもよい。

　ホルン協奏曲（モーツァルト作曲）にはさらに数多くの「問いと答え」が用いられている。教科書で取り上げられている鑑賞教材はわかりやすい。これらを用いて、「問いと答え」を教えていく。「問いと答え」という観点が身につけば、さらに掛け合いの楽しさを知ることができる。

（関根朋子）

第5章 音楽能力を育てる鑑賞指導

5 〜鑑賞指導は、表現活動とリンクさせて〜
聴く力と言語力を育てる5分間鑑賞指導

毎時間5分間、いろいろな音楽を聴かせる。継続して聴く経験が聴く楽しさにつながり、自分の思いや考え、自分なりの価値観などをもてるようになる。

1 対象　高学年・中高生
2 進め方

①〜④の順で進める。

①曲を聴く。
②評価する。
③②で評価した理由を書く。
④発表する。

5分間音楽		名前（	）
月日	曲名（楽器も）	評価	ひとこと感想

◎また聞きたい
○聞きたい
△あまり聞きたくない

(1) 曲を聴く

毎回、2〜3分程度の短い曲（または一部）を聴かせる。教科書付属CDには、聴きやすく、5分以内の名曲が数多く収められている。世界のトッププロによる演奏から各国・全国各地の民族音楽まで多数ある。ジャンルを超え、多種多様の音楽を聴かせる。

(2) 評価する

「◎ ○ △」で評価する。

「その曲を好きかどうか」本人に気づかせるのは意外に難しい。「知っている曲」「聴いたことのある曲」を自分が好きな曲と勘違いする子どももいる。

そこで「また聴きたいかどうか」を尋ねることで、"その子どもの気持ち"に近いものとして捉える。「聴きたくない」と思えば正直に答えればよいことを伝え、その理由も書かせる。自らの気持ちを振り返ることで、自分を客観的に捉えることができる。

聴き始めの頃は、「この曲をまた聴きたい人？！」と手を挙げさせる。曲によって「人によって感じ方が違うこと」——それは仲のよい友だちであっても違うこと——に気づかせたい。

(3) 理由を書く

自分が「◎ ○ △」と評価をつけた理由を書く。短くてもよい。初めはまったく感想が書けない子どももいるだろう。その時は、次のように言って友だちの発表をまねして書かせる。

> 友だちの発表をよく聞きます。友だちの発表の中に、「私もそう思っていたんだ」という内容があれば、それをまねして書きなさい。

友だちの言い方を聞き、まねて書くことで語彙が増える。何回もくり返すうちに、徐々に、自分の気持ちを自分のことばで表現できるようになっていく。

(4) 発表する

ノートに書いたことを読むだけだ。指名なしで発表していく。友だちの発表をよく聞かせ、自分の感想を比較して考えさせる。これはやがて音楽の分析批評につながっていく。

2 曲を聴く際、手がかり１つを与える

「目立っている楽器は何か」「演奏の形は何か」「何人で歌っているか」「季節はいつか」「ジャンルは何か」など、手がかりを１つ与えてから冒頭部分を聴かせ（10秒程度）、全体で確認した後、通して聴くこともある。

それまでの鑑賞経験が少ない学年の場合、聴き方がわからないからだ。

3 教師は説明せずに曲を流す

「自分はどう思ったか」を一人一人に捉えさせるのが「５分間音楽」のねらいだ。曲についての詳しい説明はせずに音楽を聴かせたい。

（関根朋子）

第6章　向山洋一の授業の原則を生かした音楽指導

1　体感させ、「趣意説明」をして始める鑑賞の授業開き

　集中して音を聴かなければ、鑑賞の授業は成立しない。音に集中できたことをほめ、よく聴くと様々な音が聞こえてくることを話す。学年の始まりに趣意説明をし、音楽の聴き方を教える。

1　高学年授業開きは「鑑賞」木星

　授業開きは「鑑賞」のコマだった。

| 使われている楽器は何ですか。 |

　いきなりこう言い、管弦楽組曲「惑星」から「木星」の冒頭20秒をかけた。「バイオリンです」「ホルンの音が聴こえた」といった答えが出た。

| それだけですか？　今年の6年生のレベルはこんなものなのですね。 |

　と挑発し、同じ部分を再度聴かせた。
　耳を澄ますと、聴こえなかった音が聴こえてくる。
　「太鼓」「チェロ」といった答えも出てきた。

| よくわかりましたね。さすがです。 |

　そう言って、同じ部分を再度聴かせた。
　よく聴くとティンパニの音が聞こえてくる。

| 使われているのは、ティンパニという太鼓です。
お椀をひっくり返したような形の太鼓です。
もう一度聴きます。ティンパニの音が聴こえたら
一緒に叩きます。ばちを持って！ |

　エアばちを構えさせる。音が聴こえてきてから、ばちを動かすので、タイムラグが生じる。
　予想して叩こうとして、実際には音が聴こえず思わず息をのむ。
　まだかまだかと思って聴いていると、シンバルやトライアングルの音が聴こえてくる。
　1つの音を集中して聴こうとするから、他の音がよく聴こえる。

2 「鑑賞の授業」を受けるための趣意説明

最初は聴こえなかった「ティンパニ」の音が聴こえるようになりましたね。皆さんの耳は、元々とてもよいのです。
でも集中して聴かないと、聴ける音も聴こえてきません。
そこで、音楽の授業では、立ったり座ったり、身体を動かしたり、エアで楽器をもって演奏したり動作をつけます。そうすると音に集中できるからです。集中して聴くといろいろなことに気づきます。——それは今、皆さんが、実際に体感したことです。
生まれてから小学生（中学生）までの時期は、人生の中で特に耳のよい時期です。大人が聴き分けられない音も聴こえてきます。音色が聴き分けられるようになったり、響きの違いが感じられるようになったりします。
よい耳も鍛えなければ普通の耳になってしまいます。身体を動かし集中して聴いて、自分の耳をさらによい耳にしていきましょう。

3 低学年の授業開きは鑑賞「さんぽ」

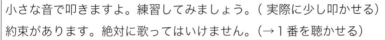

何という曲ですか。

　冒頭部分を流すと、途端に大合唱が始まる。

曲に合わせて手を叩きましょう。
小さな音で叩きますよ。練習してみましょう。（実際に少し叩かせる）
約束があります。絶対に歌ってはいけません。（→1番を聴かせる）

「歌う」と、音をよく聴かなくなる。大きな音で手を叩くことも、音が聴こえなくなるもとになる。

趣意説明：上手にできました。そして、皆は声を出さないで手拍子が打てましたね。これも立派です。音楽は集中するといろいろな音が聴こえてきます。みんなの「耳」がよくなるのです。これからも先生のお話をよく聞いて、動きましょう。

　①上下に動かすだけの一拍振りをさせる→　②足踏みをさせる→　③足踏み＋指揮→　④行進をさせる、徐々にステップを上げながら、毎時間、くり返し聴き活動させていく。

（関根朋子）

第6章 向山洋一の授業の原則を生かした音楽指導

2 「一時一事」の指示で進める歌唱指導

歌唱指導は、「歌える」「覚えて歌える」「表現の工夫」の3ステップで行う。それぞれのステップは、複数のパーツで組み立てられ、一時に一事の明確な指示で進められる。

1 歌える

活動	指導	一時一事の指示
聴く	集中して聴かせる。アカペラで歌って聴かせても、CDを聴かせてもよい。	先生が歌います。 / 動物が出てきたら、手を挙げます。
表現	短いフレーズを歌って聴かせ、まねさせる。そのくり返しで歌えるようにする。	まねします。
確認	歌えるようになった部分を楽譜で確認する。ここで初めて楽譜を見せる。	教科書10ページ。／「とんび」／1段目／♪とべとべとんび〜／でだしの「と」に指を置きます。／指でなぞりながら歌います。（提示して見せる。やってみせる。）

2 覚えて歌える

①楽譜を見て歌い、覚える。

ここでの指示は、 全員起立　歌います　覚えたら座ります　座っても歌います の4つである。

②変化のあるくり返しで楽しく、覚える。

活動	指導	一時一事の指示
交替歌い	教師対子ども、男子対女子、座席を二分してなどテンポよく進め、時々フェイントを入れる。	交替歌い。 先生が先。 ♪とべとべとんび～ 拍の流れにのって、歌う順を、手を差し伸べ示す。
たけのこ歌い	CDを流し続ける。音楽の流れに乗って歌わせる。	歌いたい段を1つ選びます。 選んだところを、立って歌います。
リレー歌い	十分歌えるようになったら、一人1フレーズすつ歌いつなぐ。	リレー歌い。 あなたから。
身体活動	簡単で楽しい動きを、やってみせてまねさせる。【例】ステップ	まねします。

3　表現の工夫

発問　とびっきりすてきな声で歌いたいところはどこですか？

指示　先生のところへ歌いに来ます

　どの楽曲にも使える、便利な発問・指示である。自分なりのお気に入り個所を見つけさせることができる。理由も考えさせる。

【例】①♪ピンヨロ　ピンヨロ　ピンヨロ　ピンヨロ
　　　（理由）とんびが鳴いているように歌いたいから。

説明　すてきな声で歌えるようにします

指示　まねします

声の行方を示す

　ピンヨロ（ドソソー）の部分を歌って見せてまねさせる。声の行方を示すように、右の写真のような動作をつけるとわかりやすい。

（中越正美）

第6章 向山洋一の授業の原則を生かした音楽指導

3 「短く限定した指示発問」で手遊び歌指導が楽しくなる

「短く限定した指示発問」、ポイントは次の3つだ。
①削った言葉と明確な動きの提示　　②リズムとテンポよい指示
③細分化とスモールステップの進め方

1 まず動作、その後に歌をつけ手遊び歌を覚える

子どもたちは、教師の動作を見て・まねて・くり返し反復して・習得する。細分化し徐々に負荷を加えると誰もができるようになる。

【負荷1】動きを覚える

指示：まねをします。トン（手拍子）パ（お手合わせ）

教師と対面してエアお手合わせをする。お手合わせの動作と「トン」「パ」という音声情報を利用し、拍の流れに乗せて覚えさせる。

低学年の場合、正中線を超える動きができない子がいる。その場合、「ハイ」と言ってゆっくり大きく手を前に動かし、正中線を越える動きに注目させる。

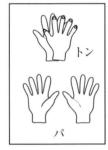

【負荷2】教師とお手合わせ、教師が歌う

指示：先生とお手合わせをします。

全員、教師を注目させ、教師と子どもたちとでお手合わせを行う。いきなり2人組になってお手合わせをすると負荷がかかりすぎる。まずは、1人でお手合わせの動きを確認する。

正中線の反対側に手を動かす

【負荷3】2人組になってお手合わせをする

指示：お隣さんと2人組になります。例）前後、班、男女

ペアでお手合わせをする。歌は教師が歌うが、歌いながらお手合わせを行っている子どもがいればほめ、徐々に歌いながらお手合わせができるようにする。

【負荷4】限定された時間でペアをつくる

> 指示：友だちを探しに出かけます。（行進の曲を流す）
> 　　　曲が止んだら、2人組をつくります。

　友だちを替え、お手合わせを行う。変化のあるくり返しで誰とでもお手合わせを行えるようにする。

2 ≪間≫があることで注目し集中する

　あんたがたどこさの「さ」で身体のいろいろなところにタッチして遊べる。この時、

> 「あんたがたどこさひごさ～～～」

と続くとできない子がいる。それは、長い指示だからだ。「あんたがたどこー」とリズムとテンポよく進める。その後、≪間≫を取る。子どもたちの目線がグーッと教師に集中する。子どもの視線が集まったところで、「さ」の動作をする。さらに、「ひごー」と続け、≪間≫を取り、「さ！」と次の動作をする。子どもたちは、次は何をするのか期待して見るようになる。絶妙な長短のある≪間≫が、端的な指示となる。

3 見通しを持たせる指示が、安心感を生む

> 「お寺のおしょうさんがカボチャの種を～花が咲いて　じゃんけんポン」

　この歌には続きがある。知らないことが急に展開されると、「え！　先があるの？」と慌て「何？」と混乱しているうちに終わってしまう。新しいことを始める時は、「実は、この歌には続きがあります。続きをやるからね」と見通しを持たせてから始める。テンポを少しゆっくりにし、動作を大きく見せてまねをさせる。
　新しいうたあそびをする時や途中から新しい展開になる時は、あらかじめ予告すると安心して取り組める。

（豊田雅子）

第6章 向山洋一の授業の原則を生かした音楽指導

4 「全員の原則」で行う合唱指導

　合唱は「個人技の集合体」だ。一人一人を生かす指導こそが、全員が集中した「全員の原則」につながる。

1 「全員の原則」とは、一人一人を生かす指導
　合唱というと「心を合わせて」「気持ちを1つにして」という言葉がけをしてはいないだろうか。私はそのような言葉かけを一度もしたことがない。合唱は「個人技の集合体」だと考えている。子どもたち一人一人を生かしていった時、自然と全体としての統一感が生まれる。

2 一人一人を生かすポイントは「目で歌う」

> 目で歌うんだよ。

　音楽の時間に必ず子どもたちに言う言葉だ。
　「歌う」ことには必ず目的がある。もちろん自分が楽しむということもあるだろうが、誰かに伝えるために歌うことの方が多いだろう。

　(1)目を合わせる指導

> 太郎くん。偉い！　きちんと目でお話を聞いていますね。
> 太郎君のように、先生とパッと目を合わせてみましょう。
> よそ見してごらん。5・4・3・2・1・ハイッ！（子どもたちを端から端まで見渡す）花子さん、すばらしい！　先生としっかり目があったね。
> よそ見して。3・2・1。ハイッ！　すごい！　みんな先生と目が合った。
> よそ見して。ハイッ！　完璧！　すごいクラスだなぁ。

　というように、まず、「目を合わせる」ということを指導する。誰でもできるシンプルなことを、テンポよく、ほめながら楽しく教えていく。

(2)常に教師を見る

> 先生の方に向きを変えます。練習するよ。立ちましょう。
> 動きますよ。(教室の横へ)ハイッ!(子どもたちの方を見る)
> すごい! しっかりこっちを見てるね。これならどうだ!(次の動き)

　教室の後ろ、真ん中等、動きながら子どもたちが教師の方を見ていることをほめていく。「太郎君、いい目!」「花子さん、いい顔」などと、遠くの子をほめたり、その子にハンドサイン(OK印)を出したりしながら、一人一人の意欲を高めることがポイントだ。

(3)向きを変えて歌う

> これから今月の歌「ふるさと」を歌います。先生は、教室の中をあちこちに動きます。いつも先生の方におへそを向けて、目で歌いましょう。

　伴奏はCDでも電子オルガンの自動演奏でもよい。教師は、子どもたちの中に入り、一人一人に声をかけていく。「いい声だね」「表情がいい」「口の開き方がいいぞ」「合唱部みたいな声だ!」「言葉が美しい!」

一人一人に声をかけていく

　とびっきりいい子は頭をなでてやる。子どもたちは教師の方を向いているので、ほめられていること、なでられていることをしっかりと見ている。

(4)遠くの子をほめる

　教師の近くの子ばかりをほめていると、遠くの子は気を抜くようになる。「先生は自分を見てくれない」と思うからだ。そこで、近くの子をほめながら、遠くの子にも目をやる。そして、しっかりとこちらを見ている子、いい表情で歌っている子にハンドサイン(OK印)を送ってやる。

遠くの子をほめる

　シンプルな活動と一人一人を認め生かす指導が、集中を生む「全員の法則」なのである。

(横崎剛志)

第6章 向山洋一の授業の原則を生かした音楽指導

5　9つの活動に「細分化」して教えるリコーダー指導

　リコーダー演奏の際子どもは、吹く、指を動かす、穴を押さえる、メロディを思い出す、階名を思い出す、楽譜を見る、聴く、といった動きを同時に行っている。動きを細分化することで、スムーズに演奏できるようになる。

1　一時一事で活動を増やしていく

　リコーダーで新しい曲に取り組む際、次の順で進める。

> ①範奏　②ハミング　③リズム唱　④リズム唱＋リズム打ち　⑤階名唱
> ⑥あご吹き　⑦全員吹き　⑧一人吹き　⑨確認

　基本は、「聴く」→「まねる」→「演奏する」の流れで行う。徐々にレベルを上げ、活動を増やしていく。また、楽曲を2〜4小節ごとに区切って、①〜⑨の活動を行っていく。

2　指導ステップ

ステップ	具体的な内容
①範奏	「聴く」→「まねる」で覚えさせる。
	教師：3回吹きます。よく聴いて覚えましょう。
	演奏に自信がない時は教材CDを聴かせる。
②ハミング	教師：今聴いたメロディを「ラララ」で歌いましょう。
	「ルルル」や鼻歌でもよい。
	3回まねさせた後、「できたら立ちます」と負荷をかけると、緊張感が出る。
③リズム唱	教師：リズム唱！「タンタンタタウン　ターンタンタン」！
	続いて子どもにリズム唱をさせる。
	大切なのは、休符を「ウン」としっかり言わせること。
	子どもは音を出すことに精一杯で、休符にまで意識がいかなくなる。一度意識させておくと、休みを忘れなくなる。

④リズム唱 ＋リズム打ち	教師：(リズム唱)　「タンタンタタウン　ターンタンタン」！ 教師：(リズム打ち)「○○○Ⅴ　○○○○」 リズム唱をしながら手でリズム打ちをする。②③と同じく教師が手本を示した後、子どもにまねさせる。	
⑤階名唱	教師：♪ミミファソ～　　　　子ども：♪ミミファソ～ 教師が範唱した後、子どもがまねする。先に子どもだけで階名唱した後、解答として教師が範唱をすることもできる。	
⑥あご吹き	リコーダーの吹口をあごに置き、階名唱をしながら指を動かす。 教師は鏡（子どもと左右反対）でリコーダーを持ち、運指を例示する。押さえ方に自信のない子どもも参照できる。	(図)
⑦全員吹き	ここで初めてリコーダーの音を出す。 「間違えても大丈夫。吹きましょう」と、全員で一斉に演奏させる。この時教師は、一人一人の様子を見て、指が動いていない子、違う動きをしている子がいないか探す。	
⑧一人吹き	自分で練習します。時間は30秒です　と指示し、個人練習の時間を確保する。練習時間はそのまま個別指導の時間になる。⑦で指が動いていなかった子、違う動きをしていた子に指導する。指導する子が多ければ時間を長くする。あまり長いと緊張感がなくなり、できる子が飽きてしまうので、長くても1分半程度にする。	
⑨確認	演奏できるようになったか確認をする。まずは隣同士ペアで確認させる。「じゃんけんをして勝った人が演奏、負けた人が審判。できたら合格。合格したら交替」と指示。 さらに2人とも合格したペアは教師のところに来させ、教師の前で一緒に演奏させる。不合格ならまたペアで練習させる。最後に、全員で演奏させたり、曲の最初から通して演奏させたりして終わる。	

（高橋賢治）

第6章 向山洋一の授業の原則を生かした音楽指導

6 「空白禁止の原則」で騒乱状態を回避する

　何をするのかわからない時間、何もしなくてもよい時間があると、子どもたちはおしゃべりを始めてしまう。授業の流れを整え、電子機器を効率よく使うことで、騒乱状態は回避できる。

1　パーツを整えて空白をつくらない

　空白時間をつくらないようにするには、授業の流れを整えることが重要だ。そのためには、授業を構成するパーツを整えて子どもたちと共有する必要がある。例として暗譜のパーツをあげる。

①暗譜する8小節（低学年なら4小節でもよい）を指定する。
②指示「全員起立。楽譜を見ないで歌えるようになったら座ります」。
③指定した8小節のみを、休みなくくり返し歌う。
　座った子が出たら「座ってからも歌うよ」と指示を追加する。
④残り3、4人になった所で「全員座ります」と指示する。
　（最後まで詰める方法もあるが、詰めすぎて歌うのが嫌になってしまう場合もあるので、私はこの方法をとっている。）

　「新曲を歌うパーツ」「グループでリコーダーを練習するパーツ」「楽器のリズムを覚えるパーツ」など、いつも同じパターンで授業する。そうすれば、細かい指示をする必要がなくなり、空白時間をつくらずにすむ。

2　指示やほめ言葉は、フレーズの切れ目や間奏を利用する

　いちいち曲を止めて指示をしたり、歌い終わってからダラダラと説明したりしていると、それが空白時間となってしまい騒乱状態を招きかねない。

指示やほめ言葉は、フレーズの切れ目や前奏、間奏を利用して挟み込む。

　そうすれば音楽の流れが途切れない。音楽授業では、音楽の流れが途切れなければ、空白時間をつくらずにすむのだ。

「背中を伸ばして！」

「いい声になった！」

3　IT機器を利用する

　教科書や歌集付属の伴奏CDはとても便利だが、授業中にいちいちCDを入れ替えていると空白時間が生じてしまう。

　MP3プレーヤーなどをうまく使って、次々に再生できるようにしておくと便利だ。曲を学年ごとにフォルダ化したり、その日の授業で使う曲をフォルダ化したりするとさらにスムーズに授業を進めることができる。

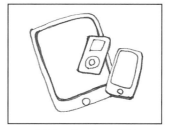

音楽室で使用するIT機器

　MP3プレーヤーを使うなら、ぜひBluetoothレシーバーをセットで使いたい。オーディオ機器にBluetoothレシーバーを接続しておけば、MP3プレーヤーは音楽室内どこででも操作可能になる。わざわざオーディオの所にもどらなくても操作できるので、子どもたちの近くを動き回りながらMP3プレーヤーの操作ができるのだ。これで空白時間をかなりなくすことができる。

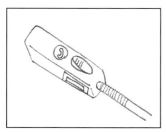

Bluetoothレシーバー

　同じ箇所を何度もくり返して練習したい時には、自作CDも便利だ。曲の中の必要な部分を短く切り取って、20回位くり返して焼く。トラック1からトラック20まで、全部同じ曲の同じ部分になるようにつくるのだ。

　音源加工ソフトを使って音源を短く切ることもできるが、意外に時間がかかる。私は、必要な部分のみピアノで弾いてICレコーダーで録音する方法を取っている。ICレコーダーもSDカードが使えるタイプにすると、録音後はSDカードを抜いてパソコンに差し込みCDに焼くだけと、音源づくりの手間を省くことができる。

（山内桜子）

第6章 向山洋一の授業の原則を生かした音楽指導

7　教師の「確認」と子ども同士の「確認」で吹けるようにする鍵盤ハーモニカの指導

　変化のあるくり返しで何度も聴き、何度も歌って練習する。教師は机間巡視で習熟状況を確認し、子ども同士にも確認させる。緊張感の中、楽しく鍵盤ハーモニカが演奏できるようになる。

1　机間巡視による教師の確認

「ド」の1音だけでまね吹きさせる。

T→教師、C→子ども

> T：先生と同じ音を出してごらん。ド・ド・ド・はい！
> C：ド・ド・ド　（「ド」を3回吹く。）

「ド」の1音だけでまね吹きさせる。「はい」と一声入れることで、「タン　タン　タン　ウン」のリズムが生まれる。
　このやりとりをくり返し、タンギングの息づかいができるようにくり返す。子どもたちは音に集中する。

机間巡視し一人一人をみていく

> 鍵盤の「ド」に赤のシールを貼っておく。

　一目見て「ド」を押さえているかどうかを確認できる。机間巡視しながら一人一人を見ていく。間違っている子どもには「ド」に指をもって置かせる。

> 教師は目と耳で期間巡視しながら確認する。

　毎時間短い時間でよいので、聴いてまねをする練習を取り入れる。きれいにそろった音が心地よいという経験をさせる。できるようになったら、「レ」「ミ」と音を増やしたり、リズムに変化をつけたりする。

2　子ども同士の確認はお隣さんと

1年生の「うたお」という練習曲での指導。

「できたら手を挙げて…」確認する

①教師の後に続いて歌う。②音の高低に合わせて手を上下する。③階名で歌う。③鍵盤に指を置いて階名で歌う。④うた口を吹き、音を出す。男の子だけで、女の子だけで、1号車だけで……。

指示を出しながら、この間も教師は教室を見てまわって指導する。変化をつけて練習した後、吹けているか子ども同士で確認する。

指示　イスごとお隣と向かい合いなさい。

男女で隣同士座っている。

指示　男の子が吹きます。女の子は聞きましょう。

「さんはい」の合図で一斉に吹かせ、すぐに次のように尋ねる。

お隣ができていた人？

聴いていた女子に挙手させ確認する。さっと確認するだけでよい。次に交替して女子に吹かせ、男子が見る。同じようにできていた人？　と尋ねる。人数を数えたり、できていないのに手を挙げていたり、とチェックは要らない。この確認のよいところは、お互いに見合う緊張感のある場面をつくれることだ。そのような緊張場面を経験することで集中し、吹けるようになる。

（溝端久輝子）

第6章　向山洋一の授業の原則を生かした音楽指導

8　「やる気」にさせ、「力を引き出す」個別評定4つのポイント

　歌唱指導の中で個別評定は極めて重要である。「みんなで歌う」だけでは力はつかないからだ。個別評定によって「誰の歌い方がよいのか」を明確にし、全員を「やる気」にさせ、「力を引き出す」。
　向山洋一氏の示した個別評定4つのポイントを音楽で考えてみる。

ポイント1　評定は「端的」で「明確」に

　「端的」とは、子どもたちが歌い終わったその瞬間に「合格」「3点」「響きが素晴らしい」といった短い言葉で評定することである。
　また歌唱評定において「明確」とは次のことである。

> 誰の歌い方がよくて誰の歌い方が悪いのかをはっりさせる。

　「Aちゃんの歌い方はいいけど、Bちゃんのは悪い」と宣言することではない。友だちの歌を聴き、「3点合格」「惜しい2点」「表情がいい3.5点」という教師の評定の言葉から子どもたちが気づくことなのだ。

> Aちゃんは声も響いていたし、歌う時の目と口がすごくあいてたな。

　一人一人に長い説明や感想を言う必要はないのである。

ポイント2　シンプルでテンポアップなこと

　つまり「短く次々と」行うのである。次の2つのことが必要不可欠だ。

> 「局面の限定」「拍をキープ」

　個別評定する個所を「限定」する。1フレーズ、1小節、1つの言葉、1音だけ。場合によっては声を出す直前の息の吸い方というのもあり得る。
　そしてそれを「拍を切らずに次々と」評定していくのである。拍に乗った状態で一人目から最後まで一気にやる。テンポアップ＝やや速めに、である。

ポイント3　向上を目指させる

　一人で歌うのは勇気がいる。緊張する。そして終わった後はほっとする。ジェットコースターに乗った後のような感じだ。その時に「もう1回挑戦したい人？」と聞く。「ハイ！」と手を挙げた子をうんとほめる。

> すごい！　もう1回挑戦するの？！　そういう子は必ずのびます。

　僕も私もと再挑戦者が出てくる。まるでゲームのように楽しんで挑戦する。

ポイント4　よさへの変化を見抜く

　教師の腕が試される。再挑戦のこの子は1回目とどこが変わったのか。Cちゃんの今日の歌は昨日とどこが違うか。そのかすかな変化を見逃さない。「ほんの少しだけど声が大きくなった」「最初の一文字をしっかり出せた」「顔が昨日より上を向いている」「弱いけど裏声が出せた」など何でもある。そしてそれをほめる、ほめる、ほめる。

ほめる

薄皮を1枚1枚はがすようにして、その子の持っている力を引き出していくのである。
　以上が個別評定4つのポイントである。

個別評定するまでの歌唱指導のポイント　　～教えてほめて個別評定へ～

　歌を練習するときには「教えてほめる」。具体的には以下の6ステップ。

> ①ポイントを示す　②やってみせる　③まねさせる　④変化あるくり返しで練習する　⑤ペア・グループで歌う　⑥ほめる

　例えば2年生「かっこう」。④でいろいろなかっこうを体験させる。

　おばあさんかっこう・赤ちゃんかっこう・病気のかっこう・元気すぎるかっこう・幽霊かっこう・お姉さんかっこう。

思いっきり歌う

　楽しくテンポよく変化をつけて練習し、友だちと思いっきり歌わせる。自信がついたところで、「では一人ずつ」と個別評定へ自然にもっていく。

（飯田清美）

第7章 ノリノリで器楽演奏ができるようになる方法

1 「音→表現→記号」で教える鍵盤ハーモニカ指導

「鍵盤ハーモニカ指導」のポイントは、次の2つだ。

1．音→表現→記号の順番で教える。楽譜から入らず、聴覚をフルに使う。
2．ポイントを絞った指導で、成功体験を積み重ねる。

1 曲を聴く 音

歌でも器楽でも、まずは曲を聴くところから始める。

楽譜を見せない（視覚情報をいれない）ことにより、メロディや曲想などを集中して聴くことができる。

2 メロディを覚える 表現

曲を聴いた後、ハミングや歌詞でメロディを覚える。お手合わせをしたり、指揮をしたりしながら楽しんでメロディを覚えていく。

3 階名唱をする 記号

お手合わせなどをして、自然にメロディが歌えるようになったら、階名唱をする。教師の後に続いて、階名を歌う。2小節ずつなど、短く区切って教えるのがポイントだ。

4 鍵盤指導は、「5〜10分×〇回」の1つのコマで教える

新曲指導は、1時間に全部を教えない。1曲を2〜4小節ずつなど短く区切り、くり返し教える。1時間に1ヶ所だから、全員が確実に吹け、成功体験をし、自身をつけさせることができる。

教材「こいぬのマーチ」　　　　　　　　　　　　T→教師、C→子ども

T：階名で歌います。♪ミドミド　ミソソ　（ウン）
C：♪ミドミド　ミソソ　（ウン）

今日学習する部分だけを「階名」で歌う。

T：空吹き。(指を空中に) ♪ミドミド　ミソソ　(ウン)
C：♪ミドミド　ミソソ　(ウン)

指を空中にあげて、「ミドミド　ミソソ」を演奏する。

T：最初の音確認。「ミ」

一人ずつ音を出して確認。

T：先生のまねをします。できたら座ります。
T：♪ミドミド　ミソソ　(ウン)
C：♪ミドミド　ミソソ　(ウン)

何度もくり返し吹いてまねさせる。

指示：全員で。男子で。女子で。1・2号車で……。

様々なバリエーションで吹かせる。

5　個別評定だからこそ力が伸びる

　鍵盤ハーモニカが上手になるためには、個別評定が一番の近道である。一人ずつ評価するからこそ、力がついていく。1小節や1フレーズを、一人ずつ吹いて個別評定する。これなら全員がクリアすることができる。

T：「鍵盤テスト」をします。Aさんからどうぞ。
C：♪ミドミド　ミソソ　(ウン)
T：音がきれいだ！(→拍の流れに乗って言う。)
C：♪ミドミド　ミソソ　(ウン)
T：タンギングが上手！

以下、同様に評定を行う。

　個別評定を行うと、一人一人のレベルがあがる。
「上手」「すらすら吹けている」「音がいいね」……。ほめながら進める。

指示　伴奏に合わせて吹きます。

　最後に、既習したふしだけ、伴奏に合わせて吹く。習っていないふしは、教師がオルガンで弾いたり歌ったりする。

(吉川たえ)

第7章 ノリノリで器楽演奏ができるようになる方法

2　聴いて、まねして、どの子も吹けるようになるリコーダー指導

　聴いて、まねして、音楽に合わせて身体を動かす。シャワーを浴びせるように、音を耳から入れ身体に沁みこませた後、楽譜で確認をする。「音→表現→記号」の指導順だから、ノリノリでリコーダーが吹けるようになる。

1　簡単、誰でもできる、楽しい動きいろいろ

動き	バリエーション	合わせると楽しい曲
(1)歩く跳ぶ	①その場でやる ②歩いて行って、フレーズの切れ目で引き返す・ジャンプする	笛星人『しっぱれー』 『ソロサンマ』 『猫吹いちゃった』
(2)しゃがむ 　　伸びる	①しゃがんで、まっすぐ伸びる ③しゃがんで、斜めに伸びる	笛星人 『ちょっとまってね』
(3)ステップ	①左右にステップ ②前後にステップ ③2人組で向かい合って	Easy8 No.1実践例⇒ 笛星人『ちょっとまってね』 『さくら笛』
(4)肩たたき	①自分の肩 ②お隣さんの肩 ③2人組で向かい合って ④長い列になって	Easy8 No.2・No.4・No.7 笛星人 『2001年』 『ブラック・ホール』
(5)ゆれ	①ゆったりとゆれる ②2人組で手をつないでゆれる	Easy8 No.3・No.6 笛星人　『おやすみ』
(6)ひざ打ち （3拍子を 感じる）	①ひざ・拍手・拍手 ②拍手・ひざ・ひざ ③拍手・お手合わせ・お手合わせ ④ひざ・拍手・ピッチ	3拍子の曲 笛星人『おやすみ』 『エーデルワイス』

2 子どもがノリノリになる指導 実践例（Easy8 No.1 作曲 DonMuro）

(1) **聴く** 音

①楽しく聴く　動⇒静

> 指示「まねします」
> 前奏2小節聴く。Aメロディ左右にステップ8回。やってみせ、まねさせる。
> 指示「座ります」
> Bメロディ動かない。座って聴く。AメロディとBメロディの違いを感じる。

②変化のあるくり返しで、何度でも楽しく聴く

> ⅰ 前奏聴く⇒Aメロディの動き⇒Bメロディへの変化を聴き取ったら座る。
> ⅱ 前奏聴く⇒Aメロディの動き⇒Bメロディ前後ステップ
> ⅲ 2人組で向き合って行う⇒Aメロディの動き⇒Bメロディお手合わせ
> 　　※お手合わせ　　とん……拍手
> 　　　　　　　　　とんとんぱん　　　ぱん……お手合わせ
> ⅳ 2人組⇒Aメロ向き合い両手をつないで行う⇒Bメロお手合わせ

(2) **表現する** 表現

①旋律をルルルで歌う

2小節程度を、アカペラで歌ってみせてまねさせる。
短いので、誰でも覚えられる。CDに合わせてやってもよい。

②階名に変えて歌う

覚えきれない子への手立てとして、階名の板書もよい。

③あご吹き

リコーダーを右写真のように構え、階名で歌いながら
運指を確認する。

④リコーダーで吹く

⑤個別評定

短いフレーズを一人ずつ吹かせ「○」「おしい」と評定をする。

あご吹き

(3) **楽譜で確認～ここで初めて楽譜を見せる～** 記号

できるようになったところを楽譜で確認する。

（中越正美）

第7章 ノリノリで器楽演奏ができるようになる方法

3 「全員体験システム」で、できるようになる合奏指導

　主旋律が吹けるようになったら、リズム伴奏をつける。大太鼓・小太鼓・コンガ・ボンゴ・ティンバレスなど、立って演奏する大物楽器を使う。練習に動きが入るので、とても楽しくなる。

1 8ビートは万能リズム
　一度マスターしたら、3年生から6年生までずっと使える。リズムを、「イカタコ」「フン！キライ」「よーいどん」などの言葉に変えると、誰でも簡単に打てるようになる。

学年	8ビートでかっこよくキマる曲
3年	パフ
	（歌唱教材）友だち・ふじ山等
4年	茶色のこびん・いろんな木の実等
5年	生命のいぶき・キリマンジャロ等
6年	ラバースコンチェルト・風を切って等

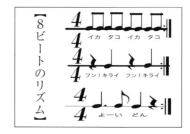

2 8ビートでノリノリ〜『よーいどん』から始めよう〜
(1)エア太鼓は、はずせない〜本物の太鼓を叩くまで〜

活動	指示	留意点
唱える	『まねします。よーいどん』拍の流れを意識して唱える。	唱える活動は、最後まで続ける。できるようになったら、CDで音楽を流れ続ける。
手拍子	言葉の指示なし。	リズム打ちをやってみせてまねさせる。
ひざ打ち		拍の流れを切らずに、手拍子からひざ打ちに変える。
エア太鼓		空中でバチを構え太鼓を叩くまねをしてみせる。
本物の太鼓を打つ	ずっとやっていてね。	エア太鼓を続ける指示を出し、子どもを太鼓の下へ順に誘導。一人1フレーズずつ叩かせる。

(2)いよいよ、本物の太鼓を叩く

【太鼓全員体験練習システム】 ☺ 子どもの動き

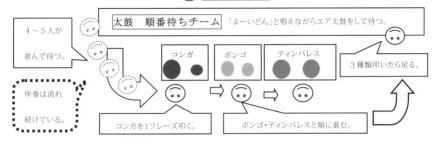

留意点
①拍の流れに乗せながら、流れ作業のように１フレーズずつ「よーいどん」のリズムを叩かせていく。コンガ⇒ボンゴ⇒ティンバレス
②コンガの場所で、正しいリズムが打てるように指導をする。
③順番待ちは、エア太鼓ばかりだと飽きる。リコーダーを吹かせるなど変化をつける。
④最終に、リズム打ちの個別評定をする。全員合格させる。

(3)一つずつつけ足す～「フン！キライ」できたら、「イカタコ」へ～

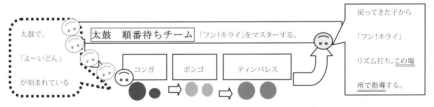

留意点
①「フン！キライ」と唱えながらリズムを打ってみせて、まねさせる。
できるようになったら、タンバリンで打つ。タンバリンは複数用意し、隣に譲っていく。
②「イカタコ」は、ひざ打ちでやってみせて、まねさせる。楽器は、マラカスやすず（両手に持つ）を使う。

3 リズム以外のパートはどうする？

　１フレーズだけでよい。オルガンや木琴・鉄琴など旋律楽器も、同じシステムを使って、全員が経験できるようにする。

（中越正美）

第8章　音楽室での生活指導・特別支援

1　授業中立ち歩く子どもは「動かして」対応する

　授業中立ち歩く子どもには、動きを取り入れた授業を、楽しく行うのがよい。動きたいのを無理に止めるのではなく、動くことを肯定的にとらえられる場面を意図的に作り出す。

1　動きを取り入れた楽しい授業～静と動を効果的にくり返す～

【遊び歌】『もしもしかめよ』～『あんたがたどこさ』～『お客さま』

指示「♪もしもしかめよ〜〜〜〜」　1番終わりまで。 歌いながら肩たたきをやってみせてまねさせる。 指示「お隣さんの肩」　2番 指示「立って。右向け右」　3番 　1列になって前の人の肩をたたく。 指示「♪あんたがたどこ『さ』」　肩たたき『さ』で方向変換。 　ゆっくりと歌いながらやってみせてまねさせる。 　だんだんテンポを速くしていく。楽しい。**興奮ピーク**。 　歌い終わりの「♪ちょいとかぶせ」はゆっくりと小さい声 　で歌う。ゆっくり座らせる。**興奮を鎮静**。 指示「♪おちゃらか　おちゃらか　おちゃらか　ほい」 　ゆっくりと動作を入れながら歌ってみせる。 指示「まねっこ」 　まねをしてやらせる。『ほい』で 　じゃんけんを誘う。勝った、負けた、 　同点のポーズをやってみせてまねさせる。 指示「2人組」　同じ2人で、何回か勝負を楽しむ。 指示「メンバーチェンジ」　だんだんテンポを速くしていく。 　**興奮ピーク**　いきなりテンポを落として歌う。 指示「勝った人から席に戻ります」　**興奮鎮静**。	静 ⇩ 動 ⇩ 最 高 潮 ⇩ 静 ⇩ 動 ⇩ 最 高 潮 ⇩ 静

2　授業中、もぞもぞしだしたらこの対応

集中が続かない、すぐに退屈してしまう。こんな時は動く場面を意図的に設定する。

もぞもぞ　状況【例】	この対応が効く
座ったままの歌唱指導が、3分以上続いた。もぞもぞ……	・「立って歌います」 ・「覚えたら座って歌います」 ・「覚えた人からピアノの周りに来ます」 ・「担任の先生に聴こえるように、教室の方を向いて歌います」 ・「先生におへそを向けて歌います」
合唱 相手パートの練習時間が待てない、退屈。もぞもぞ……	・「S・A、教室の両端に分かれます」　A ⇄ S ・「つられない自信がある人は、少しずつ近づきます」
	・「人とぶつからないよう、歩きながら歌います」 ・「2人組で歌います」 　背中合わせ、横並び、向かい合って
リコーダー、難しいな……、苦手意識。もぞもぞ……	・やることをはっきりさせる。「2小節目まで練習します」「ペアで練習します」 ・「吹けるようになったら、先生のところへ来ます」 「時間は3分間です」 　先生のところ＋時間制限＝緊張感を持たせる
鑑賞後の感想文 何をするかよくわからない。もぞもぞ……	・「途中でいいから、持ってきなさい」 ・「○をもらった人から黒板に書きます」 ・「黒板に書いたら、もう一つ考えます」

3　明るくあたたかい対応で、安心させる

①授業が始まる前までに声をかける。
　「いいね」「がんばれそう」
②目線を合わせて、微笑む。
　「それでいい！」というように頷く。
③立ち歩きやおしゃべりがとまらないときは、
　合図を送り気づかせる。
④肩や背中をさすったり、とんとんしたりして安心させる。

（中越正美）

第8章 音楽室での生活指導・特別支援

2 忘れ物対応！ 忘れた時はどうするかを教える

　忘れ物への対応で最も大切なことは何か。それは、忘れものをしてしまった子どもが1時間を無駄にしないよう自分でなんとかできるようにすることである。そのために次の4つのことを行う。

| 1．授業に何を持ってくるのか示す |
| 2．忘れた時にどうするのかを教える |
| 3．貸し出せるものをそろえる |
| 4．フォローをする |

音楽室4点セット
①教科書
②ふでばこ
③リコーダー・けんばん
④さあ歌おう

1 授業に何を持ってくるのか示す

　授業開きの日に確認する。

「持ち物を確認します。後に続いて言いましょう。音楽室の4点セット」

音楽室の4点セット：教科書、ふでばこ、リコーダー、さあ歌おう

　ここは音楽の授業らしく遊び感覚で拍に乗って唱える。そのほうが覚えやすい。この4つはカードにして音楽室の入口ドアに貼ってある。

2 忘れた時にどうするのかを教える

「でもね、もしもうっかり忘れてしまった時には……」
　ここでぐるりと顔を見渡して緊張感をつくる。
「先生のところにこれを言いに来ます」
　カードを見せる。

| ①報告（〜を忘れました） |
| ②おわび（ごめんなさい） |
| ③対策（今日は〜〜〜します） |

　さらに教師が忘れ物をした「子ども」になってやってみせる。
「教科書を忘れました。ごめんなさい。今日は隣の人に見せてもらいます」

3　貸し出せるものをそろえておく

　鉛筆、消しゴム、リコーダー、さあ歌おう（学校指定歌集）は入口近くに置いてある。いつでも貸し出せる。「リコーダーは音楽室前の水道で洗い、ここにあるティッシュで拭いて返します」と教える。

　ここまでは授業開きにすることだ。しかし、子どもは教えてすぐに忘れ物をしなくなったり、忘れた時の対応ができるようになったりするわけではない。そのあとのフォローが必要である。

4　忘れ物フォロー作戦

【フォロー①　カードの掲示】

　音楽室の入口ドアに「音楽授業の4点セット」「音楽室の忘れ物3点セット」のカードが貼ってある。それを見てまず忘れものに気づかせる。気づいたらどうするかを思い出させる。授業前に忘れ物対応を終わらせたい（授業中うろうろと言いに来られたら授業が中断してしまい他の子どもに迷惑だからである）。

【フォロー②　カードを見ながら言わせる】

　忘れ物をしたことを告げに来てもごもごしている児童には、私がカードを持って立ち、それを見ながら言わせる。型から教えるのだ。ちゃんと言えたら「上手に言えましたね。今度は持ってこようね」とにこやかに対応。険悪な雰囲気になることはない（つまりカードは入口と教師の手元、2枚）。

【フォロー③　授業で使う】

　教科書、歌集、鍵盤ハーモニカやリコーダーを毎回使う。そして楽しい活動をすることだ。高学年で楽器をなかなか持ってこない児童に効果的だったのは、子どもに人気のある歌手の曲の一部を演奏させたことだ。サビの部分ですぐに吹ける所を耳コピーで5分ほど練習させた。次の週、全校児童の鍵盤ハーモニカがそろった。

（飯田清美）

第8章 音楽室での生活指導・特別支援

3 すかさず手を打て！ がやがやし始めた授業

　音楽は音を出す活動が多い。それだけに授業がうるさくなりやすい。「静かにしなさい」と大声で叫んだり、騒乱状態になってから途方にくれたりする前に、楽しい活動ですかさず手を打つことが大事だ。

1 ポーズリレー

> ポーズリレー！　こちらAチーム、そちらBチーム。ポーズをしたら目と目でバトンパス。声を出したらアウト。ヨーイ！

　右のポーズをして指示をする。するとすぐにまねをする子が出る。すかさず「上手！　そうやってお友だちにポーズを伝えるんだよ」とほめる。低学年向けのゲームである。鍵盤ハーモニカや打楽器、合奏の練習中に効果的だ。

2 ミュージックサイン

> ・ドレミファソ→立つ　　・ソファミレド→座る

　ピアノで「♪ドレミファソ」と弾く。立った子をほめ「今の音が鳴ったら立ちます」と指示をする。全員を座わらせ間をおく。いつ鳴るかと子どもたちの耳がピアノに集中する。「♪ドレミファソ」でパッと立つ子に「耳がいい！」と力強くほめる。次に「♪ソファミレド」と弾く。何人かが座る。「すごい。よくわかったね！　今のは座る合図です」。「ドレミファソ」「ソファミレド」と何度か立ったり座ったりさせる。「ドレミレド」「ソファミファソ」とフェイントも入れる。楽しい雰囲気になり、熱中してくる。この後は「ドレミファソ」「ソファミレド」の合図だけで手を止め、立ったり座ったりできるようになる。

　音がうるさくなってしまった時のリセットに効果的だ。反応した子をしっかりほめていく。

3 カウントダウン

10、9、8、7、6、5、4、3、2、1、0

片手で「シー」のポーズ、片手で指折りしながらカウントダウン。これだけで静かになる。低学年や中学年では気づいた子どもたちが教師と一緒にカウントダウンを始める。すると、気づかずに音を出していた子もあわてて音を出すのをやめて一緒に数えだす。

4 伴奏を流す

ピアノやキーボード、CDで既習曲の伴奏を流す。気づいた子が歌や演奏を始める。他の子も気づき、段々と音の輪が広がっていく。1曲が終わるころには全員が歌や演奏をしている。「歌いますよ」「やりなさい」と言わなくてもよい。「最初から演奏していた人？」「はーい！」「えらいね！」「集中力があるね」と、きちんと取り組んでいた子を評価するのも忘れない。

5 個別評定

リコーダー準備。「シ」の音、さんはい。

「はい」と一番前の子に手の平を向ける。音が出せれば「合格」、指示を聞き逃していたり違うことをしていたら「不合格」。速いテンポで次々と行う。全員が終わったら「不合格だった人、もう一度」と再評定。集中できず2回目も不合格だった子には、「授業の後にお残りです」「えーっ！」「もう1回やりたいですか」「はい！」「どうしようかなあ」「お願いします〜」「ではラストチャンス」短くユーモアを交えた会話で気持ちをこちらに引き戻す。この時点で教室にはいい雰囲気の緊張感が生まれ、静かになっている。

うるさくなってしまった時に個別評定を行うポイントは3つある。

①誰でもすぐにできることを指示
②伝えるのは「合格」「不合格」だけ
③速いテンポで次々と行う

「子どもの気持ちをこちらに引き戻す」ことが大切だ。

（高橋賢治）

第8章 音楽室での生活指導・特別支援

4　何ができる？　何ができない？　「ケンケンパ」「スキップ」

　できないことには理由がある。なぜできないのか要因を探り、どうすればできるようになるのか、方法を見つけることが改善につながる。

1　お手合わせの「トン・パ」という単純な動きはできるのに、正中線を越えるお手合わせができません。

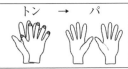

　自分の身体の正中線を軸にすることで、対象の方向を捉えている。左右に目を動かしたり、身体をひねったりする運動が必要となる。

- **ポイント**　教員の左手と子どもの右手に同じ色の軍手をはめ、「同じ色にタッチします」と視覚情報を用いて誘導する。

2　2人組でお手合わせをすると、「痛いよ、強すぎるよ」と嫌がられてしまいます。

「そおっと」という力加減が難しいため、乱暴なふるまいになってしまう。力加減には固有感覚が関係する。目を閉じていても筋肉や関節の動きを感じ取れる感覚で、力加減の調整、手先の巧緻性に関わっている。

- **ポイント**　即時反応で歩く・止まるをくり返す、お手合わせで手のひら・1本指をくり返すといった、力の強弱を伴った動きをして力のコントロールをする。

3　リコーダーが苦手で、穴をふさいでいるのに変な音が出てしまいます。

　穴の位置は見て確認せず、固有感覚でとらえている。手先の感覚で穴の凸凹を感じ取る必要がある。その感覚が弱いと、指が穴をふさいでいるのか、ずれているのかがわかりにくい。

- **ポイント**　リコーダーの穴の周りにマニキュアをぬり凹凸をつける。凸部ができるので穴が押さえやすくなる。
- **ポイント**　使う指を限定する。裏の穴をセロテープで貼り、表の穴だけに集中させる。

4　ピーっと、強い音を出してしまいます。

　口唇の機能が未熟だと、唇でくわえたり唇を柔らかく閉じたりすることができな

い。また、ブレスコントロール（息の強弱、長く息を吐き続けること）が難しい。

- ポイント 「あっぷっぷ」のような唇周辺の筋肉を動かす遊びや「吹き戻し笛」を吹いて口を閉じる遊びを通して、口唇の使い方を体得させる。
- ポイント 風船をふくらませたり、ストローで紙テープを吹いたりして、視覚情報を用いて練習する。

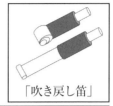

「吹き戻し笛」

5 拍に合わせて歩くことができません。

固有感覚が弱いと手足の動きや速度を調整しにくく、一定のリズムで動き続けることが難しい。また、音に傾聴することが苦手で、強い刺激の方に注意が向いてしまう。

- ポイント 拍感のある子と手をつないで行進をし、拍に気づけるようにする。
- ポイント 音の数を減らした簡易伴奏にし、音の刺激を単純にする。

6 ケンケンパやスキップができません。

両手両足の協調性が未熟なため、両足ジャンプや片足バランスができなかったり、身体の一部に力が入り連続してやり続けることができなかったりする。また、目で捉え身体を動かすタイミングが合わない、ひざを柔軟に使えないということもある。

- ポイント 口でリズムを補ったり、足形を置いたりして聴覚・視覚の情報を補う。
- ポイント 2人組、3人組で並び、タイミングを合わせて一緒に行う。

7 手遊び歌の模倣が難しくなかなかできません。

ボディイメージ（固有感覚）の弱さから、自分の身体をコントロールするのが難しい。空間の中での位置を理解できず、どの方向へ動かしたらよいのかわからない。眼球運動がスムーズにできず、動きを目で追えない。

- ポイント 直接身体を動かしてやる、横や正面に立ってまねさせる、鏡に映してまねさせる、というように段階を追ってできるようにする。

（豊田雅子）

第8章 音楽室での生活指導・特別支援

5 教えてほめる！ 特別支援を要する子どもへの対応

負けると怒り出す子、何でも「嫌」と反発する子、衝動性が強い子、ファンタジーに入り込む子、失敗を恐れてやろうとしない子、こんな子どもは、どこの教室にも居る。「教えてほめる」対応が効果的だ。

1 負けると猛烈に怒り出し、パニックを起こす子

◎対応	じゃんけんゲーム　　負けが勝ち？　変則ルールもアリ。「連続5回負け。優勝!!」がおもしろい。　　歌 ♪じゃんけんぽん　じゃんけんぽん　ラ ソラ　ラ ソラ　じゃんけんじゃんけんじゃんけん ぽん　ラ ソラ ソラ ソラ　ぽん のタイミングでじゃんけんをする。
コツ	教師主導で、楽しくやる。負けを意識する前にさっさと次の勝負に移る。テンポよく進める。
ほめ言	「勝っても負けても、楽しいね」「上手に（ゲームが）できたね」

（◎対応⇒うまくいった対応、ほめ言⇒ほめ言葉）

2 何でも「嫌」と反発する子

◎対応	①反発の言葉は聞き流す。 しつこい時は、「そうか」と一言だけ返す。 ②目に余る行動は、短い言葉で制する。 ③何が何でもほめる。
コツ	ちょっとでもできたら力強くほめる。やろうとしただけでもほめる。このくり返しで授業に巻き込む。 体を向き合わせ、目を合わせて、温かい反応を返す。ほめられることに慣れてきたら、名前を言ってほめる。
ほめ言	「そうそう」「やったね」「○○さん、よくがんばった」

3　衝動性が強く、否定語に激しく反応する子

◎対応	<u>指名なし発表</u>　鑑賞の授業　感想文を指名なし発表する
コツ	周りがもじもじして発表できずにいる中、颯爽と立ち上がって意見が言えることを、衝動性を肯定的にとらえて対応する。 発表前にノートチェックをする。この時に、大いにほめておく。 否定語は絶対に使わない。「あなたにしか書けない意見です」
ほめ言	「勇気がある」「かっこいい」「こういうのがいいのです」

4　他人に興味がなく、ファンタジーに入り込む子

◎対応	<u>肩たたき</u>　　音楽に合わせて、8・8・4・4・2・2・1・拍手
コツ	①最初に知らん顔をされても、正面から向き合って、楽しそうにやってみせる。45分間のうち、いつも同じ時間帯にやる。ちょっとでもまねをし始めたら、一気にひき込み一緒に楽しむ。 ②授業時間だけで終わらない。休憩時間に一緒に遊ぶ。話しかける。仲よしになっておく。
ほめ言	「上手だね」「次も一緒にしようね」

5　失敗を恐れてやろうとしない子

～声のコントロールがうまくいかず、歌うことに消極的な子～

◎対応	①声の大きさを両手の幅で示す。
コツ	両手の幅と声の大きさを対応させる。
◎対応	②マイクを通して、声の大きさを数値で示す。
コツ	遊びの要素を入れる。「数値に合う声の大きさで話そう」
◎対応	③側へ行って、<u>一緒に歌う</u>。
コツ	さりげなく、目立たないようにやる。全員に向かって歌っているように見せる。
ほめ言	「そうそう」「うまい」「よく聴いていたね」

（中越正美）

第8章 音楽室での生活指導・特別支援

6 できることを増やすには！
安心できる環境とスモールステップだ

　特別支援を要する子どもには感覚過敏や独特な考え方がある。それを理解し、子どもたちが安心して授業に参加できる環境を整える。教師の待つ姿勢も大切だ。

1 座席を工夫する

　音楽室で指導する時は、机は使わずイスのみ用意する。机があると動きにくく、余計な音を立てることがあるからだ。特別支援の子どもには「やりたくない」とつっぷしてしまうケースもあるので、イスは音楽室の隅に寄せ、使う時だけ出してくるようにしている。

　特別支援の子をどこの席にするかということも重要だ。

　私は、図のように一番前の端にすることが多い。わらべうたやお手合わせ、身体を動かす活動で、すぐに手をつないであげることができるからだ。準備の遅い特別支援の子であれば、準備を手伝いながら、全体に目を行き渡らせることもできる。

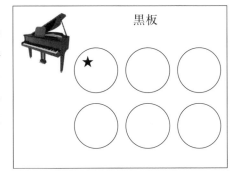

2 苦手な音を避けられる環境を整える

　特別支援の子は、大きな音や楽器の個人練習の音が苦手なことが多い。聴覚過敏があるためだ。これに慣れさせようという考えは間違いだ。

　どうしても辛い時には、別の部屋で個人練習できるとよい。その時には「先生に『〇〇教室に行ってきます』と言う」などの約束をあらかじめ決めておく。

　写真のようなカードを見せるという方法もある。教師は「20分には戻ってきてね」のように、戻ってくる時間

を決めて伝える。

　苦手な音でパニックにならないように、「今から練習です。○○教室に行きますか?」と予告して、次の行動を自分で決めさせることも大切である。

　その時に前述した座席だと子どもは教室から出入りがスムーズにでき、「行ってらっしゃい」「おかえり」と周囲の子どもたちも声をかけやすい。

3　「やりたくない」には笑顔で待つ

　知的に遅れのない特別支援の子の中には、初めての曲や活動に出会うと「できない」「やりたくない」と言う子が多い。

　この子たちは、完璧にできる時しか「できた」と思えない。少しでも「間違えるかもしれない」「わからない」と思うと「できない」と言って取り組まない。

　ここで「できるから、やりなさい」と言うのは逆効果だ。この子たちは「できそうだ」「楽しそうだ」と納得すれば授業に参加してくる。

　だから「やりたくない」「できない」と言われたら笑顔で受け入れ、次のような声かけをする。

1　じゃあ、今日は見ていてね。
2　歌わなくてもいいから今日は立ちましょう。
3　覚えたところだけ歌ってみてね。
4　先生とお手合わせしてみよう。

　上記1から4のようにスモールステップで少しずつ負荷をかけていく。最初に「やりたくない」と言われても、短い活動に変化をつけて何時間かくり返して指導すると、できるようになることが増えてくる。

　できたところはOKサインを見せたり、笑顔で目を合わせたりしてほめる。「すごい! ここまでできたね!」などと言葉でほめられても、「完璧にできた時しか納得しない」のが特別支援の子なのだ。

（加賀谷晃子）

第9章 教室環境が授業を変える

1 「教室隊形」は子どもの実態や指導内容に応じて変える

　音楽室のイスの並べ方で授業が激変する。子どもの実態や発達段階、活動の内容に応じ、「教室の隊形」はいろいろあってよい。「所時物の原則」で、子どもが活動しやすくなるよう場所や空間を設定する。

1　低学年にオススメ

中央スペースで活動できる

　「行進をしましょう」、「次はかごめかごめですよ」。

　低学年の音楽の授業は、楽しく活動させながら進めることが中心となる。イスを1列にして、円を描くように並べる（左写真）と動くスペースも確保できる。人数に応じて円を大きくしたり小さくしたりする。

　身体表現、行進、鑑賞といった動きを伴う活動は特に行いやすくなる。

　鍵盤ハーモニカを演奏したり教科書を開いたりする際、教師が巡視しながら、すぐに指導をいれることができる。個別評定なども行いやすい。

　一方、この座席の場合、人数の多いクラスではごちゃごちゃしてしまう。やんちゃが多いクラスの場合も、よい行いを共有しづらい（手本とならないことを行っている子どもも目に入ってくる）ので、検討が必要となる。

2　教師の前に横に並んで座る

　教師と子どもとの距離が比較的均等であるため、個々が掌握しやすく指導も入りやすい。

キーボードの前に子どもたちが座る
教師と子どもの距離感がない

　歌唱指導では誰が歌えていて歌えていないか、誰の声が響いているかといった習熟状況もよくわかる。リコーダーや鍵盤ハーモニカの器楽指導の場合も同様だ。指使いができているのは誰で、自信がないのは誰なのか、これもよく見えてくる。

　個別指導がしやすく、個別評定も行い

やすい。

　合唱指導の際は、パートを分けて座り直す。

　ソプラノとアルトの2パートに分かれる場合（右の上図）や、右の下図のように3つ（Aソプラノ　Bメゾ　Cアルト）に分けることもある。

　また、変声が進んでいる男子だけをまとめて座らせ、恥ずかしさを感じさせないようにすることもできる。(Aソプラノ　Bアルト　Cダンディパート〈変声途中グループ〉)、(Aアルト　Bソプラノ　C男声) など。

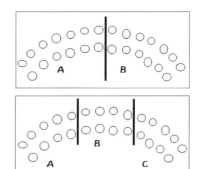

3　学級型

　自クラスで音楽授業を行うこともあるだろう。

　机を後方に下げれば、身体表現もできる。

　リコーダーや鍵盤演奏など、楽譜を見て楽器を演奏する場合は姿勢が安定するのでメリットが大きい。お隣さんとの確認もしやすい。発達障がいの子どもには場所が変わると落ち着かなくなる子も多いので、普段使っている教室での音楽授業は落ち着いて取り組みやすい。

4　その他

　私は電子オルガンで授業を進めている。テンポ表示があり、リズムボックスもすぐに使える。何よりも、子どもとの距離感がない。

　ピアノの伴奏で歌ったり、ピアノの音色が必要となったりする場合も出てくるだろう。その時は、イスを180°回転させ、全員を回れ右させて歌う。

　「歌えた人は回れ右をします」といってピアノ伴奏を弾けば、習熟状況を瞬時に把握することもできる。

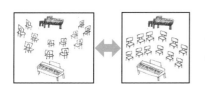

（関根朋子）

第9章　教室環境が授業を変える

2　音楽授業変革!!　デジタル機器活用術

　iPadがあれば、音楽の授業はできる。全校集会でも大活躍する心強いアシスタントだ。CDレコーディングシステムやICレコーダーも外せない。それぞれに一長一短がある。各機器の機能を知り便利に使いこなす。

1　iPad活用術

　画面をタップするだけで、瞬時に選曲・再生できる。空白の時間ができず、次々とテンポよく授業を進めることができる。

(1) iPadに曲を取り込む⇒とりあえず、使えるようにする。

　準備物⇒ iPad、ネットにつながったパソコン、取り込みたいCD

①パソコンに、アップルiTunesを無料ダウンロードする。
②パソコンに、取り込みたいCDを挿入する。
③iTunesが立ち上がり、インポート（取り込み）開始。
④終了したら、パソコンとiPadをUSBケーブルでつなぐ。
⑤自動的にiPadに曲が入る（同期される）。
※詳細は、『iPad曲の取り込み方』でネット検索をかけるとよい。

(2) iPadとスピーカーをつなぐ⇒教室中に聞こえるようにする。

①お手軽ライン接続
iPadイヤフォンジャックと
ステレオの外部入力端子をラインでつなぐ。
②Bluetoothレシーバー接続
ラインから解放され、
iPadを手元で操作できる。
ぐっと身軽になれる。

iPadからの信号を、Bluetoothレシーバーが受信する。

《Bluetoothレシーバー》

(3)プレイリスト作成⇒空白の時間をつくらない。

　プレイリストは、授業で使う曲を順番に並べて入れておくと便利なファイルである。1曲目をタップするだけで連続再生される。

(4)お役立ち便利アプリ～ App Store から無料ダウンロード～

QuickVoice	録音アプリ。録ったその場ですぐ再生。子どもに聴かせることができる。録音データは、ICレコーダー取り込み保存可能。
耳コピプレイヤーSlow Player	テンポ・キーコントロールアプリ。指定部分リピート再生もできる。練習のあらゆる場面に対応可能。
Virtuoso	バーチャルピアノのアプリ。練習中、ちょっと音を取りたい時に便利。
Metoronome	メトロノームのアプリ。

(5)デジタル TV とつなぐ

　画像やビデオ録画したものを映し出す。カメラ機能を使って、撮ったその場で見せることもできる。Apple TV を使うと、ワイヤレスで操作が可能になる。

2　CDレコーディングシステム（お勧め機器：ローランド SD/CD）

　録ったその場でCD作成ができる。パソコンは必要ない。合奏や合唱の各パート別練習用CDが簡単につくれる。CDデッキ感覚で簡単に操作できる。テンポ・キーコントロール、指定部分リピート再生など多彩な機能がついている。

　難点は、置き場所が固定されることだ。CD入れ替えには、いちいちその場へ戻らなければならない。空白の時間が生じてしまう。

3　ICレコーダー（お勧め機器：ローランド R-05）

　教室内の余計な雑音をカットして、音楽だけをくっきりと録音することができる。スピーカーにつないで再生する。再生効果機能つきで、美しい音で再生される。手のひらサイズで、手軽に使える。iPadよりずっときれいに録音ができるので、1台持っていると重宝する。

（中越正美）

第10章 音楽行事を成功させる4つのポイント

1　5年生が活躍する「送る会」の進め方

　送る会は、後を引き継ぐものとしての気概を見せる場である。主導するのは5年生だ。在校生代表という重い役割を担う。立派にやってのける力を、日々の音楽授業で計画的につけていく。

1　黄金の3日間で語る

　音楽の授業開きで、送る会に向けた心構えを語る。

【語り】
5年生は、在校生代表として、送る会を企画運営します。5年生で、一番の活躍どころです。当日は、あなたたちが演奏する『威風堂々』に合わせて6年生が入場してきます。6年生が、「安心して後を託せる」と思えるような演奏をしてください。合唱もします。4年生が「かっこいいな」と憧れる合唱を披露してください。毎年の5年生がやってきたことです。立派にやり通せるよう、この1年間でうんと力をつけましょう。

2　選曲と分析

　送る会で演奏する曲は、早々に決める。毎年同じものでもよい。「5年生になったらこの曲をやる」という気持ちで始めることができるからだ。もちろん、そうでなくてもよい。いずれにしても、何度も曲を聴いて、演奏してみて、「子どもがつまずくところはどこか？」を探し出すことが大切だ。

【分析の例】
①合奏『威風堂々』リコーダーパート最難関運指⇒嬰ヘ音
『Easy8』『Friends are always there』簡単な曲で慣れさせる。
②『大空がむかえる朝』歌いだしが、メゾフォルテ。力強い歌声が必要。
・広い体育館で立派に歌える声づくりを継続して行う。
・部分合唱をして、声を合わせることに慣れさせる。

3　指導計画をたてる〜5年生　送る会に向けての取り組み〜

　送る会への取り組みは、日々の授業に組み込み計画的にやっていく。送る会では、5年生のできばえがすべてを決める。成功体験は、最高学年に向けての自信につながる。去りゆく6年生へは、最高のはなむけとなる。

	声づくり	合唱 （部分合唱）	要へ音対応	合奏
1学期	発声体操	Believe いつでもあの海は リボンのおどり	リコーダー Easy8 No.8 DonMuro 作曲	リボンのおどり （5月）
2学期	ごどごど遊び	それは地球 スキーの歌 冬げしき 大空がむかえる朝 （斉唱）	Friends are always there DonMuro 作曲 威風堂々	静かにねむれ （9月） キリマンジャロ （11月）
		合唱・合奏　伴奏者決定 12月までに決める。十分に弾きこませる。		
3学期		大空がむかえる朝	威風堂々合奏	
		各クラスで練習。送る会直前の授業は、合同で練習をする。		
		全員合唱曲『またあえる日まで』（ゆず）の練習。		

4　当日の企画運営　5年生が仕切る

①6年生入場

　『威風堂々』に合わせて入場。縦割り活動で、1年間ペアを組んできた1年生がエスコート。

②各学年の出し物

　練習の成果を発揮する。6年生は、お返しとして最高のパフォーマンスをやってみせる。

③6年生へ、手づくりカードのプレゼント

　在校生全員が関わって仕上げたカードを送る。プレゼンターは1年生。

④全員合唱

　4年生は、ダンスパフォーマンスで場を盛り上げる。

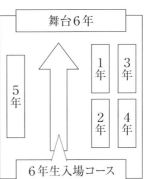

（中越正美）

第10章 音楽行事を成功させる4つのポイント

2　授業の延長線上にある「音楽会」の進め方

　音楽会は、「授業で培った音楽の力を披露する場」である。それぞれが「自分の目標」をもち、取り組むようにする。「大好きな曲を、くり返し練習する」システムをつくり、演奏の質を高くする。

1　子どもに応じた難易度の曲で

急に難しい課題を与えると、膨大な練習時間が必要になり、発達障がいの子どもや、低位の子どもたちがパニックを起こします。
子どもに無理のない曲を選びましょう。

　教員の見栄や好みで選曲しないよう、全職員で上記を確認する。
　特別に支援が必要な子どもには根気強く積み重ねていくことが苦手な場合も多い。見通しがもてない曲や難しすぎる曲は、最初からやる気をなくしてしまう。一丸となれないクラスの雰囲気は全体に大きく影響する。

2　各学年の出し物

　歌唱曲・合唱曲は歌詞の内容が子どもたちの琴線にふれる曲を選ぶ。
　同じ学校でも、学年によって気に入る曲は違う。「気に入った歌詞」に線を引かせる、子どもに尋ねるなどして曲を選ぶ。最終的な判断は教員が行う。

(1)使用可能な楽器及び演奏形態

	合奏（使用楽器）	歌唱・合唱	他
1,2年	鍵ハ、シンセ、打楽器、バスM、鉄琴、木琴、トーンチャイム、ベル	斉唱・オノマトペ	音づくり劇 ダンス
3,4年	リコーダー、鍵ハ、シンセ、打楽器、バスM、鉄琴、木琴、トーンチャイム	部分合唱	音楽劇キッチンパニック、ボディパーカッション、ダンス
5,6年	リコーダー、鍵ハ、シンセ、アコ、打楽器、鉄琴、木琴、ドラム	二部合唱（混声三部）	ミュージカル、和楽器を用いた合奏

(2)　発表内容の内訳　例　（　）内は正味時間

歌唱（5分）＋合奏（8分）＋出入り＝15分（基本形）
ボディパーカッション（4分）＋合唱奏（8分）＋出入り＝15分
音楽劇（歌唱＋擬態音・擬声音（音づくり）＋ソロ＋合奏）＝15分

3　誰が担当するか

担当決めは次の順で行う。

①自分が演奏したい楽器を1つ選ばせる。
②第一希望者が楽器ごとに集まり、ジャンケンをして決める。
③定員をオーバーしていれば、空いている他の楽器に回る。

音楽会が2日にわたって行われる場合はダブルキャストにする。

やるからには、休み時間を削ってでも練習し、できるようになることを約束させる。重要なのは、

誰にでも可能性があり、自分のやる気次第で道は拓かれる

ことを、実際に感じさせることだ。「習いごと経験者が特別な楽器を演奏する」と子どもが感じることのないようにしたい。

4　全校で取り組む演目を

オープニングやエンディング時、全校で取り組める内容を取り入れると会がダイナミックになる。人数の多い学校では低学年、高学年に分かれた演奏でもよい。上級生の演奏を聴いた下級生が、上級生の演奏に憧れをもち、それが伝統となっていく。

私は単学級勤務の折は、全校児童による「日本の四季」（右表：演奏曲目）を取り入れている。

①各学年、授業で歌っている「共通教材」ばかりなので、練習は隊形づくりがメインなる。
②自然と耳に馴染み、音楽会後も「日本の唱歌」を口ずさむ子どもが増える。
③お年寄り、地域の方が音楽会を楽しみにする。
④最初から最後まで音楽会を聴く聴衆が増える

数多くのメリットがある。

また、ソリストを選出し、曲の一部分（2～4小節）を歌わせることで、子どもたちの意欲を高めることができる。

（関根朋子）

曲順	学年	曲名
1	全	ふるさと
2	3456	さくら
3	6	朧月夜
4	全	茶つみ
5	56	こいのぼり
6	123	蛙の夜回り
7	456	夏は来ぬ
8	123	かたつむり
9	56	われは海の子
10	123	村祭り
11	234	虫のこえ
12	345	もみじ
13	34	富士の山
14	5	冬げしき
15	123	ゆき
16	全	ふるさと

参考：源田俊一郎
「ふるさとの四季」

第10章 音楽行事を成功させる4つのポイント

3 全校音楽は全校でできるメニューをたくさんつくる

1 全校音楽担当者の仕事

　全校音楽の担当になったら、仕事は大きく分けて2つある。

　1つは年間計画を立て、実行すること。例えば「今月の歌」を選ぶ。歌詞カードやCDを準備する。何月にどのような行事があって、音楽はどう関わるのか、何年生がそこに参加するのかを把握すること等だ。もう1つは「全校朝会」や「音楽集会」等を実際に運営・指導することだ。

2 音楽朝会を進めるコツ

　音楽朝会（全校集会）を進めるコツは次の4つである。

①とにかく楽しい雰囲気づくり、そして声を出させる
②全校でできるメニュー（コマとパーツ）を多くつくる
③ゲームの要素を取り入れ気持ちをほぐす
④授業の延長線上に位置づける

(1) とにかく楽しい雰囲気づくり、そして声を出させる

「この先生が出てきたら何か楽しいことが始まる」
「全校音楽は楽しい時間」そう思わせる。まずは笑顔いっぱい声いっぱいを目ざす。全校が集まる場で教室と同じように声を出すことは難しい。勇気がいる。

　そこをクリアするには「笑顔」「雰囲気づくり」そして「組み立ての工夫」である。

「楽しい雰囲気で」

(2) 全校でできるメニュー（コマとパーツ）を多く持つ

　例えば今月の歌を全校で歌うとき。「楽しく」て「声がよく出る」ためのメニュー（コマとパーツ）をいくつ持っているかが勝負である。

①起立・着席ゲーム　②裏声のばし競争　③リズムまねっこ
④肩たたき・パートナーソング・輪唱　⑤ボディパーカッション
⑥お手合わせ・手遊び歌　⑦大声合戦　⑧ハヘホ歌い

⑨交互唱（学年、男子と女子、先生と児童、1組と2組等）
⑩サイレントシンギング　　⑪ワンポイント練習

(3) **ゲームの要素をとりいれ気持ちをほぐす**

ポイントは「すぐにできること」。特に低学年がすぐにできること。

低学年の元気よさとノリは火をつけてくれる。高学年も思わずやってしまう。

例えば①は練習開始と同時に。「先生が起立と言ったら立ちます。き・き・き・起立！　遅いなあ、もう一度着席。き・き・き・キリン！　あれ〜？　キリンだよ。立っちゃったのだあれ？」楽しい緊張感でしーんとなる。声が出ていないなと思ったら⑪「先生と大声競争！　おはようございまーす！　まだまだ、もう一回！　おはようございまーす！　勝ったと思う人？　今度はお隣さんと大声競争！」こんなふうにゲームの要素を取り入れて声を出させる。

(4) **授業の延長線上に位置づける**

授業でやったことを音楽朝会の場で引き出していく。音楽専科ならとてもラッキーだ。どのクラスでも使えるコマとパーツをつくれる。全校が集まっても、すぐに「あれをしよう」で合わせることができる。いろいろな工夫を凝らすことができる。「集会で挑戦してみない？」と声をかけ、音楽が大好きな子どもたちをさらに引き上げて力をのばすことができる。

○ソロ隊や踊り隊を募集する。
○学年ごとに交互唱する。
○指揮者や楽器隊をつくる。
○学年ミニ発表を入れる。
○全校で身体表現を入れる。
○高学年のお手本を聴かせる。

ではもし学級担任をしながら全校音楽の担当になってしまったら。

まずは自分のクラスを元気にノリノリで歌えるようにする。そして簡単なお手合わせや動きを他の先生方に「こんなのも楽しいですよ」と紹介するとよい。

（飯田清美）

巻末付録　**ふしづくり一本道　一覧表**

指導項目	段階	ステップ	指導内容
リズムにのった ことばあそび	①	1 2 3 4	名前よびあそび 動物・果物などの名前よびあそび 鳴き声あそび リズムあそび
ふし問答とリレー	②	5 6 7 8 9 10 11 12 13	問答あそび ことばのリレーあそび 音あてあそび 頭とりあそび 数あてあそび お店やさんごっこ あそびましょ しりとりあそび 物語りのふしづけあそび
原形リズムのリズム唱 (1) ♩	③	14 15 16 17	ことばのリズム唱あそび4 タンタンタン　ンのことばあてっこ 3字のことばでふしのリレー リズム書きっこ
リズム分割 (2) ♫	④	18 19 20	かけあしリズムのことばあそび かけあしリズムのリレー かけあしリズムの書きっこ
リズム分割 (3) ♪♩	⑤	21 22 23	スキップリズムのことばあそび スキップリズムのリレー スキップリズムの書きっこ
リズムのまとめ　1拍単位 (1) ♩ (2) ♫ (3) ♪♩	⑥	24 25 26	リズムのあてっこ カードあそび リズムの書きっこ
模奏唱	⑦	27 28 29 30	まねぶきあそび リズムかえっこ 2人組のリズムかえっこ 好きなふし探し
ふし問答とリレー	⑧	31 32 33	ふしのリレー 2人組の問答あそび 好きなふし探し
階名唱	⑨	34 35	ドレミあてっこ ドレミとリズムあてっこ
続くふし　終わるふし	⑩	36 37	続くふしと終わるふし 終わるふしづくり
3音のふしの記譜	⑪	38 39 40	指あそび おはじきならべ ふしづくりの記譜（〇符）

指導項目	段階	ステップ	指導内容
3音より7音のフレーズへ	⑫	41	3音と7音のふしづくり
		42	7音の模奏唱とリレー
リズム変奏（2拍単位） (4) ♩♪ (5) ♪♩♪	⑬	43	リズム変奏
		44	2人組のリズム変奏
		45	♩♪と♪♩♪を使ったリレー
		46	つくったふしのリズム唱と階名唱
		47	♩♪と♪♩♪に変奏しリズムと階名を記譜
リズム変奏のまとめ (1)♩ (2)♫ (3)♬ (4)♩♪ (5)♪♩♪	⑭	48	3音のふしを4種類に変奏
		49	つくったふしのリズム変奏と記譜
		50	(1)♩ (2)♫ (3)♬ (4)♩♪ (5)♪♩♪を使ってリレー
		51	カードあそび
7音のふしづくりと記譜	⑮	52	7音のリレーでまとまったふしづくり
		53	7音のふしを♩のリズムで記譜
		54	ふしづくりと記譜
旋律形を味わう	⑯	55	まとまったふしづくり
7音のふしのリズム変奏	⑰	56	7音のふしを4種類のリズムで変奏
		57	ふしをつくり好きなリズムで部分変奏
		58	好きな変奏選びと模奏唱
拍子変奏	⑱	59	つくったふしを3拍子に変奏
		60	つくったふしを6拍子に変奏
自由なふしのリズムと階名を抽出して記譜	⑲	61	7音のふしのリズム・階名を記譜
		62	2人の問答唱奏のふしを記譜
		63	1人でふしをつくって記譜
合う音探し	⑳	64	主音保続で、合う所と、にごる所を探す
		65	属音保続で、合う所と、にごる所を探す
短調のふしづくり	㉑	66	短調の曲の模奏唱
		67	長調のふしを同主短調に変奏
		68	短調のふしづくり
		69	合う音探し
日本旋法のふしづくり	㉒	70	陽旋法の曲の模奏唱
		71	陽旋法のふしづくりと歌詞つけ
		72	陰旋法の曲の模奏唱
		73	陰旋法のふしづくりと歌詞つけ
		74	合う音探し
作曲	㉓	75	短いふしに歌詞をつける
		76	まとまったふしをつくり歌詞をつける
		77	短いことばにふしをつける
伴奏づくり	㉔	78	副旋律づくり
		79	和音伴奏・分散和音づけ
曲の完成	㉕	80	深まりのあるふしづくり

執筆者一覧

飯田清美	石川県公立小学校
加賀谷晃子	栃木県公立小学校
川津知佳子	千葉県公立小学校
小林千草	福島県公立小学校
関根朋子	東京都公立小学校
高橋賢治	北海道公立小学校
豊田雅子	埼玉県特別支援学校
中越正美	大阪府公立小学校
前田周子	神奈川県公立小学校
溝端久輝子	兵庫県公立小学校
山内桜子	東京私立小学校
横崎剛志	埼玉県公立小学校
吉川たえ	埼玉県公立小学校

(五十音順)

協力

丸山美香　奈良県公立小学校

参考文献中のTOSSランドナンバーに続く(旧)の表記は、その文献が旧TOSSランド(2005年版)のものであることを示します。

TOSSランド　http://www.tos-land.net
TOSSランド(2005年版) ※旧TOSSランド　http://acv.tos-land.net
〈お問合せ〉TOSSランド事務局
〒142-0064 東京都品川区旗の台2-4-12 TOSSビル　TEL. 03-5702-4450

◎監修者紹介

向山 洋一（むこうやま よういち）

東京都生まれ。68年東京学芸大学卒業後、東京都大田区立小学校の教師となり、2000年3月に退職。全国の優れた教育技術を集め、教師の共有財産にする「教育技術法則化運動」TOSS（トス：Teacher's Organization of Skill Sharing の略）を始め、日本の教育界に多大な影響を与えている。現在、TOSS最高顧問。日本教育技術学会会長。

◎編集者紹介

関根 朋子（せきね ともこ）

中学校で音楽を教えた後、音楽専科として北区立小学校の教師となる。そこで小宮孝之氏（法則化）と出会う。2001年からTOSS音楽の代表を務める。2004年「ふしづくり」に出会い、岐阜県の指導主事で、16万人の子どもの音楽能力調査を行った山本弘氏らから「ふしづくり音楽システム」について学ぶ。以来、「ふしづくり音楽システム」を基本として、「子どもにつけたい音楽能力」について研究を進める。TOSS音楽が取り組んできた研究：「特別な支援を要する児童・生徒のいる学級での音楽授業の在り方に関する研究」（翔和学園とTOSS音楽による文科省委託研究）、「脳科学を生かした音楽授業」、「乳幼児期の子どもの発達と音楽」、「感覚統合と音楽」等。

新法則化シリーズ
「音楽」授業の新法則

2015年3月13日　初版発行
2016年4月15日　第2版発行
2017年5月25日　第3版発行
2018年5月10日　第4版発行
2022年5月20日　第5版発行

企画・総監修　向山洋一
編集・執筆　　TOSS「音楽」授業の新法則 編集・執筆委員会
　　　　　　　（代表）関根朋子
企画推進コーディネイト　松崎 力
発行者　小島直人

発行所　株式会社 学芸みらい社
〒162-0833 東京都新宿区箪笥町31番 箪笥町SKビル3F
電話番号 03-5227-1266
https://www.gakugeimirai.jp/
E-mail：info@gakugeimirai.jp
印刷所・製本所　藤原印刷株式会社
ブックデザイン　荒木香樹
カバーイラスト　水川勝利
本文組版　エディプレッション（吉久隆志・古川美佐）

落丁・乱丁は弊社宛にお送りください。送料弊社負担でお取替えいたします。

©TOSS 2015　Printed in Japan
ISBN978-4-905374-67-1 C3037

授業の新法則化シリーズ（全リスト）

書　名	ISBN コード	本体価格
「国語」　　～基礎基本編～	978-4-905374-47-3 C3037	1,600 円
「国語」　　～1 年生編～	978-4-905374-48-0 C3037	1,600 円
「国語」　　～2 年生編～	978-4-905374-49-7 C3037	1,600 円
「国語」　　～3 年生編～	978-4-905374-50-3 C3037	1,600 円
「国語」　　～4 年生編～	978-4-905374-51-0 C3037	1,600 円
「国語」　　～5 年生編～	978-4-905374-52-7 C3037	1,600 円
「国語」　　～6 年生編～	978-4-905374-53-4 C3037	1,600 円
「算数」　　～1 年生編～	978-4-905374-54-1 C3037	1,600 円
「算数」　　～2 年生編～	978-4-905374-55-8 C3037	1,600 円
「算数」　　～3 年生編～	978-4-905374-56-5 C3037	1,600 円
「算数」　　～4 年生編～	978-4-905374-57-2 C3037	1,600 円
「算数」　　～5 年生編～	978-4-905374-58-9 C3037	1,600 円
「算数」　　～6 年生編～	978-4-905374-59-6 C3037	1,600 円
「理科」　　～3・4 年生編～	978-4-905374-64-0 C3037	2,200 円
「理科」　　～5 年生編～	978-4-905374-65-7 C3037	2,200 円
「理科」　　～6 年生編～	978-4-905374-66-4 C3037	2,200 円
「社会」　　～3・4 年生編～	978-4-905374-68-8 C3037	1,600 円
「社会」　　～5 年生編～	978-4-905374-69-5 C3037	1,600 円
「社会」　　～6 年生編～	978-4-905374-70-1 C3037	1,600 円
「図画美術」　～基礎基本編～	978-4-905374-60-2 C3037	2,200 円
「図画美術」　～題材編～	978-4-905374-61-9 C3037	2,200 円
「体育」　　～基礎基本編～	978-4-905374-71-8 C3037	1,600 円
「体育」　　～低学年編～	978-4-905374-72-5 C3037	1,600 円
「体育」　　～中学年編～	978-4-905374-73-2 C3037	1,600 円
「体育」　　～高学年編～	978-4-905374-74-9 C3037	1,600 円
「音楽」	978-4-905374-67-1 C3037	1,600 円
「道徳」	978-4-905374-62-6 C3037	1,600 円
「外国語活動」（英語）	978-4-905374-63-3 C3037	2,500 円

株式会社 学芸みらい社
〒162-0833 東京都新宿区箪笥町31番 箪笥町SKビル3F
TEL 03-5227-1266　FAX 03-5227-1267
https://www.gakugeimirai.jp/
e-mail info@gakugeimirai.jp